新媒体文案写作

从小白到高手

盈利思维、AI应用与自我增值的96个技巧

王京 ◎ 著

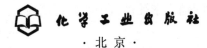

化学工业出版社

·北京·

内 容 简 介

本书为专注于新媒体文案创作的指导书籍，旨在帮助读者从写作新手成长为高手。全书共分为七章，详细介绍了96个实用技巧，涵盖了从理解写作的核心，到提炼文案，再到如何有效利用AI工具辅助写作等多个方面。本书不仅教授写作技巧，还重点关注如何将写作技能转化为盈利模式，帮助读者在数字时代实现靠写作打造个人品牌的目标，快速成长。

作者结合自己的写作和教学经历，以及对学员写作挑战的观察，提出了多种针对性策略。书中强调，写作不仅是一项技能，更是一种思维方式和自我表达的工具，能够帮助人们更好地理解和处理生活中的问题。作者分享了如何避开常见写作误区，如何克服写作障碍，并提供了多种写作模板以及根据不同平台需求的文案写作方法，帮助读者快速提升写作水平，塑造品牌影响力。

本书适合文案写作初学者和经验丰富的写作者，特别是文案策划者、文案写作人员、视频编导等，还可以作为电子商务等专业的教材。

图书在版编目（CIP）数据

新媒体文案写作从小白到高手：盈利思维、AI应用与自我增值的96个技巧 / 王京著 . —北京：化学工业出版社，2024.2（2025.2 重印）
ISBN 978-7-122-45074-6

Ⅰ.①新… Ⅱ.①王… Ⅲ.①传播媒介—文书—写作 Ⅳ.① G206.2

中国国家版本馆 CIP 数据核字（2024）第 023809 号

责任编辑：李 辰 孙 炜　　　　　　　　封面设计：异一设计
责任校对：宋 玮　　　　　　　　　　　　装帧设计：盟诺文化

出版发行：化学工业出版社（北京市东城区青年湖南街13号　邮政编码100011）
印　　装：大厂回族自治县聚鑫印刷有限责任公司
787mm×1092mm　1/16　印张14　字数330千字　2025年2月北京第1版第2次印刷

购书咨询：010-64518888　　　　　　　　售后服务：010-64518899
网　　址：http://www.cip.com.cn
凡购买本书，如有缺损质量问题，本社销售中心负责调换。

定　　价：68.00元　　　　　　　　　　　　　　　　　版权所有　违者必究

「前言」

"这本书是我独自完成的,又不是我独自完成的。"

我的学员中有不少人完成了从零基础新手到写出 10 万多阅读量爆款文章高手的蜕变,我从中总结了大家遇到的共性问题。因此,可以说我是借助了大家的写作经验完成了这本书的编写。在带领大家写作的过程中,我发现一个人总结的写作技巧不免掺杂很多偏见,因为总结的都是自己遇到的卡点和踩过的坑,谁也不可能写出自己没见过的东西,也无法总结出自己没踩过的坑。

比如,我认为很简单的问题,对很多人来说竟然是普遍的难点,我遇到的难点,对于很多人来说根本不是问题。

再比如,针对大家普遍遇到的写作问题,我认为超有效的写作技巧,却对很多人无效,因为自己已经度过了新手期,有了一定的经验,在带大家写作时,就会不知不觉地漏掉一些初期遇到的难点、卡点和重点。

以上两点,也是为什么大部分人学了很多技巧,但是仍然觉得没有用。

在带大家写作的过程中,我逐渐卸下了很多"自我偏见",更学会了全面看待问题,尝试用不同的方法去讲课,总结了大家遇到的共同难题,归纳了一套可实践的落地方法论,帮助很多新人快速度过小白期,帮助成熟作者渡过瓶颈期,帮助长期写作者源源不断地迸发灵感,直至将我的写作经历、教学经历,以及我的所思所想汇聚到这本书中。这本书分为 7 章,具体内容如下。

助力您重新理解写作,开启 10 倍速成长,打破想写却不敢写的心魔;

指导您练习 7 个基本功,快速脱离写作新手期,从小白秒变高手;

协助您提炼 7 步打磨法,了解写作的底层逻辑,持续写出爆款文章;

鼓励您走出 5 大写作误区,告别无效努力和写作难产,持续写出好文章;

引导您打破 6 大写作障碍,激活灵感,并学会借助 AI,快速突破瓶颈期;

启发您梳理5大变现方式，快速打通变现渠道，打造属于自己的赚钱系统；

最后，倾情为您提供5大写作模板，热门写作平台超易上手，快速实现收入翻倍。

整本书没有废话，干货满满，系统地帮助大家梳理新媒体文案写作技巧。

希望本书能对读者朋友们有所帮助。由于作者知识水平有限，书中难免有疏漏之处，也恳请广大读者批评、指正。我的微信是：xinsheng20200722，也可扫描下方二维码，欢迎沟通、交流！

目录

第一章　重新理解写作，开启10倍速成长 …… 1

第一节　重新理解写作定义，实现爆发式增长 …… 2
- 001　写作就是说话，会说话就会写作 …… 2
- 002　写作是边学边教，不需要学富五车 …… 3
- 003　写作是练习思考，不用担心文笔不好 …… 3
- 004　写作是通用技能，不问身份不限人群 …… 4
- 005　写作是记录生活，不需要超凡脱俗 …… 5
- 006　写作是倒逼输入，不需要高门槛 …… 5

第二节　重新理解写作变现，开启10倍速成长 …… 6
- 007　财富增值：写作助你实现复利效应 …… 6
- 008　触达广阔：写作助你抓住时代红利 …… 7
- 009　超级销售：写作助你快速实现成交 …… 8
- 010　思考工具：写作助你克服自身短板 …… 8
- 011　创造机会：写作助你放大个人优势 …… 9

第二章　从小白到高手，必备的7个基本功 …… 11

第一节　学会策划爆款选题，让你在对的赛道躺赢 …… 12
- 012　从8大类型入手，快速策划爆款选题 …… 12
- 013　学会4个借势思维，轻松引爆话题 …… 16

第二节　学会搭设写作框架，让你快速开题不卡壳 …… 19
- 014　发散与记录，被99%的人忽略的重点 …… 19
- 015　分类整理，让你从混沌走向清晰 …… 19

| | 016 框架搭设，7种方法助你快速成型 | 20 |

第三节　学会快速搜索素材，让你的文章脱颖而出　25

　　017　8种精准搜索方式，助你快速搞定写作素材　25
　　018　6种思维发散技巧，助你增加元素避免雷同　29

第四节　学会正确加工素材，5个模板帮你快速上手　33

　　019　3步建立素材库，让你的灵感源源不断　33
　　020　5个爆款模板，帮你快速加工写作素材　35

第五节　学会写好文章开头，迅速抓住读者眼球　44

　　021　10种技巧快速开局，迅速抓住读者眼球　44
　　022　谨防3个常见雷区，写好开头不是难题　50

第六节　学会写好文章结尾，引发读者主动转发　52

　　023　尊重峰终定律，避免白费功夫　52
　　024　10种技巧，轻松写出精彩结尾　52

第七节　如何写好文章标题，提高文章打开率　58

　　025　13种技巧，轻松写出爆款标题　58
　　026　20个爆款词汇，提高文章的点击率　63

第三章　从成文到爆款，必备的7步打磨法　65

第一节　如何正确改稿，让你的文章秒变爆款　66

　　027　建立改稿思维，一篇胜百篇　66
　　028　打破改稿误区，改出好灵感　67
　　029　6个步骤，快速改出爆款文章　67

第二节　如何增强深度，让读者忍不住点赞　75

　　030　写有深度的文章，开启高速成长之路　75
　　031　4种方法，快速写出有深度的文章　76

第三节　如何提升逻辑，增强文章的说服力　81

　　032　4招秘籍，助你打造逻辑严密的文章　81
　　033　3种写作习惯，帮你养成有逻辑的输出　85

第四节　如何写好故事，让文章深入人心

- 034　理解故事的定义 …… 88
- 035　掌握故事的关键点 …… 88
- 036　好故事的6个核心要素 …… 89
- 037　6套公式，快速写出好故事 …… 91

第五节　如何运用加减法，让文章详略得当

- 038　基础版加减法，让你的文章更有说服力 …… 94
- 039　精细化加减法，让你的文章更有吸引力 …… 95

第六节　如何写好金句，提高文章传播率

- 040　3个技巧，助你轻松写出引人入胜的金句 …… 100
- 041　20个万能句式，助你随时输出金句不卡壳 …… 105

第七节　如何正确排版，提高阅读体验感

- 042　5个排版原则，提升阅读体验感 …… 108
- 043　4种排版方法，提升文章颜值力 …… 109

第四章　打破写作误区，持续写出好文章 …… 112

第一节　重新理解模仿与抄袭，学会升级思维

- 044　重新理解模仿，借用牛人智慧提升自己 …… 113
- 045　抓住两个关键，提升你成事的概率 …… 114
- 046　用好3个方法，学会精准模仿 …… 115

第二节　重新理解拆解文章，告别无效努力

- 047　常见的拆解误区 …… 118
- 048　5步学会正确拆解，告别无效努力 …… 118

第三节　重新理解写作顺序，告别写作难产

- 049　重新理解写作顺序，先动笔再思考 …… 122
- 050　6种快速动笔法，让你的写作速度10倍提升 …… 124

第四节　重新理解刻意练习，学会精准努力

- 051　用实战思维练习，更容易拿到结果 …… 126
- 052　用市场和读者思维并行练习，更容易落地 …… 127

053　用精进思维练习，更容易提高水平 ··· 129

第五节　重新理解写作卡点，心态比技巧更重要 ························· 130
054　请向前一步，行动比准备更重要 ··· 130
055　请相信自己，信心比能力更重要 ··· 131
056　请大胆尝试，经验比得失更重要 ··· 132

第五章　打破写作障碍，突破写作瓶颈期 ························· 134

第一节　飙升执行力，5种方法消灭写作拖延症 ························· 135
057　导致写作拖延症的5种原因 ·· 135
058　消灭写作拖延症的5种方法 ·· 135

第二节　激活灵感源，3种方法持续写出好文章 ························· 138
059　纪律写作法，让灵感追着你跑 ·· 138
060　导图写作法，让你拥有写不完的选题 ····································· 139
061　五问写作法，引爆你脑海中的灵感库 ····································· 140

第三节　突破卡壳点，3种方法快速摆脱瓶颈期 ························· 143
062　阅读抄写法，沉浸式学习与吸收 ··· 143
063　背诵默写法，创作出更出色的作品 ··· 144
064　放慢写作法，为深度创作奠定基础 ··· 145

第四节　高效助力，借用AI 10倍提升写作速度 ························· 146
065　借助AI，快速完成一篇文章 ··· 146
066　借助AI，快速润色和重写文章 ··· 148
067　借助AI，快速检查文章内容 ··· 149
068　借助AI，不断激活写作灵感 ··· 149

第五节　信息淘金，借用AI轻松创作优质内容 ························· 153
069　教会AI写作方法，3步写出爆款文 ··· 153
070　教会AI分析范文，3步创作同款优质内容 ······························ 156

第六节　涉猎广泛，借用AI模拟多重身份对话 ························· 160
071　30种发散指令，模拟多重身份对话 ··· 160

072　10种具体指令，让你的创作更有料 …………………………………… 162

第六章　通过写作升级自己，快速打通变现渠道 …………… 166

第一节　学会公开发布，获取更多机遇与财富 …………………… 167

073　公开写作的3大障碍 ………………………………………………… 167
074　公开写作的5大优势 ………………………………………………… 168

第二节　借助平台，打造属于你的赚钱系统 ……………………… 171

075　借平台投稿，快速打通变现渠道 …………………………………… 171
076　建个人账号，打造你的财富系统 …………………………………… 172
077　用长远思维，升级你的赚钱系统 …………………………………… 173

第三节　多平台发力，快速实现写作收益最大化 ………………… 174

078　多平台发力，实现多渠道收入 ……………………………………… 174
079　多平台发力，强化个人影响力 ……………………………………… 175

第四节　设计变现课程，投入1份时间获得10倍收入 …………… 177

080　4个步骤，快速写出一门爆款课程 ………………………………… 178
081　3个注意事项，助你少走弯路 ……………………………………… 181

第五节　打造私域流量池，投入1份精力实现100倍成交 ……… 183

082　公域流量与私域流量的区别 ………………………………………… 183
083　3个方法，快速将公域流量转化为私域流量 ……………………… 184
084　精准努力，用1份精力实现100倍成交 …………………………… 185

第七章　热门写作模板超易上手，快速实现收入翻倍 ……… 186

第一节　用文案思维写好个人介绍，快速拉近与牛人的距离 … 187

085　利用自我介绍构建强大的人脉网络 ………………………………… 187
086　用文案思维，5步写好自我介绍 …………………………………… 188

第二节　用文案思维写好朋友圈，通过个人品牌撬动更多资源 … 191

087　抓好两个关键点，10倍撬动资源 …………………………………… 191
088　六维立体打造朋友圈，边交朋友边成交 …………………………… 194
089　抓好两个细节，让你的朋友圈更值钱 ……………………………… 197

第三节　写好爆款小红书文案，借种草平台实现快速变现 ·············· 198

- 090　两套模板，轻松写出爆款小红书文案 ································· 198
- 091　抓住5个关键点，让你的笔记有更多的曝光 ························· 201

第四节　写好爆款视频号文案，借助私域平台带来更多流量 ·········· 203

- 092　套用公式，快速写出视频号爆款文案 ································· 204
- 093　两个方法，助力你获得更多精准私域流量 ··························· 207

第五节　写好爆款抖音号文案，让你的产品更快被传播 ················ 208

- 094　抓住3个关键点，掌握爆款视频核心密码 ··························· 209
- 095　3个维度，快速打造爆款视频 ··· 209
- 096　学会组合，轻松创作爆款视频 ·· 212

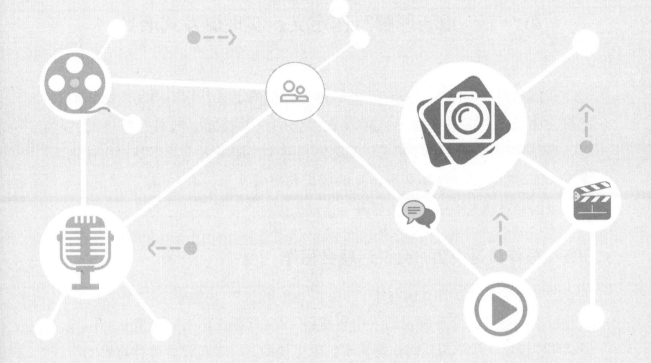

第一章

重新理解写作，开启 10 倍速成长

第一节　重新理解写作定义，实现爆发式增长

在信息爆炸的时代，写作已经超越了传统的定义，它不再是少数人的特权，而是一种能够实现个人爆发式增长的重要技能。随着自媒体的兴起，写作呈现出多样化的方式。无论你是学生、职场人士，还是自媒体创作者，都有机会通过写作实现自身的成长与突破。

下面通过六大维度，重新理解写作定义。

001　写作就是说话，会说话就会写作

只要你会说话，你就能写作。

叶圣陶在《写文章跟说话》中写道："写文章跟说话是一回事儿。用嘴说话叫作说话，用笔说话叫作写文章。嘴里说的是一串包含着种种意思的声音，笔下写的是一串包含种种意思的文字，那些文字就代表说话时候的那些声音。只要说的写的没有错儿，人家听了声音，看了文字，同样能够了解我的意思，效果是一样的。"

深以为然，我们平时说话，就是一次小小的创作过程。

现在这个时代，用笔来说话的时候也越来越多。比如：发微信、发朋友圈，或者在任何一个平台发表自己的感想等，都是用文字传递一种观点，用笔和这个世界沟通。

举个例子。有个学员曾给我发了一段文字，他是这么写的："我今天发烧了，体温39℃，然后去医院看病了，结果太多人，排队等了好久，也没顾得上吃午饭，下午回到宿舍太累了，吃了点东西，躺了会儿，没想到一下睡过了，到现在整个人还晕乎乎的，导致文章拖到现在都还没写，我刚刚想打开电脑，但是，因为身体还是不舒服，导致我现在一看电脑就头疼，今天的作业能不能先不交？"

看了这段话我的内心是崩溃的，我无法快速感知到信息的重点是

什么？

再来看另外一个版本："我今天遇到特殊情况，烧到39℃，需要早点休息。导致无法按时完成作业，作业我明天再交可以吗？"

读完这个版本后，我立刻能够理解信息的重点。

在这个追求速度的时代，我们每个人都应该学会简洁清晰地表达自己的观点。

通过文字进行有效沟通，是每个人的必修课，也是给别人留下良好印象和建立合作关系的基础。

002　写作是边学边教，不需要学富五车

许多人对写作抱有一种误解，认为写作需要掌握大量的知识，是一件门槛很高的事情，因此一直不敢尝试。其实，写作是一个边学边教的过程，当你将自己学到的内容通过文字呈现出来，分享给更多人时，就是在写作。

举个例子。假设你正在学习健身知识，你可以写一篇关于如何正确跑步的文章，帮助初学者掌握正确的姿势和技巧。随着你的健身知识的提升，你可以写更深入的文章，比如讲解不同类型的训练计划或分享营养方面的知识。这样，你既能通过写作巩固自己所学的内容，又能帮助他人获得有益的健身指导。

再比如，你读了一本好书或观看了一部好电影，可以将自己的感受和思考写下来并公开发布，就可以帮助那些有同样困惑的人。

因此，写作并不需要等到积累了大量的知识才能开始，而是一边学，一边总结，一边写。千万不要有不配感，写作重在分享和总结，这个过程能促进你不断成长，沉淀作品。

003　写作是练习思考，不用担心文笔不好

有个话题一直备受讨论："读了很多书，为什么还是无法过好这一生？听了很多课，为什么还是没有进步？"

通过网友们的回答，我做了一个归纳，本质原因是：仅阅读或聆听，并不能代表思考。你没有将其内化为自己的技能和认知，只是在享受知识冲

刷带来的愉悦感。

这种方式会造成虚假努力，想要快速成长，必须在"输入"的同时，有意识地"输出"。输出是促进深度思考的过程。

举个例子，当你看完一部电影或读完一本书时，最初你可能只会说："哇，太好看了！"

但如果你需要写一篇读后感，就必须强迫自己进行思考和快速总结。通过这种刻意的训练，你的思考深度会逐渐增强，你的观察力也不再停留在表面。

写作就像打井，挖得越深，收获越多，人生也会随着写作的进行变得更加清晰。

如果你习惯接受输入却缺乏输出的意识，那么你必须面对成长缓慢甚至停滞的现实。

004　写作是通用技能，不问身份不限人群

写作已经成为多数岗位的标配技能，不仅仅是某一特定岗位的需求。

在职场中，工作总结、业绩汇报、邮件沟通等都离不开写作技巧。如果你只是默默地完成工作，却无法准确地表达和展示自己，可能会错过许多晋升和合作的机会。我曾经在体制内工作8年，看过太多工作干得好的人，在年底做工作汇报的时候却一塌糊涂，导致在领导眼里好印象大打折扣。

人在职场，写作这个软技能是必备品。

如果你是一位销售人员，可以通过撰写文案，在自媒体平台宣传你的产品；如果你是一名设计师，可以通过在平台上发布设计案例和设计思路相关的文章，展示你的创意和专业能力。这样，你不仅能够吸引潜在客户的关注，还能够建立起你在这个领域的专家形象。

在新媒体时代，通过"技能+写作"的方法，将自己的优势不断放大，可以获得更多的机会。

因此，我们需要迅速调整思维，不能用狭隘的思维来看待问题，不仅需要提升自己的专业能力，还要学会有效地展示自己。只有硬实力与软实力相结合，才能走得更远。

005　写作是记录生活，不需要超凡脱俗

带过1000多名学员后，我发现大部分人存在两种写作障碍：一是写了之后不敢发布；二是觉得无话可写。

经过与他们沟通交流，我发现导致这种现象的原因是，他们觉得自己写的内容没有价值！

很多人认为生活中都是些琐碎小事，不值得提及；自身写作水平并不高，不敢分享；生活过于平淡，没有重大事件可记录。

其实，写作并不需要惊天动地，只需将生活中的琐事写好即可。

写作就是培养你对生活的敏感度和感知力，让我们从小事中学会思考和总结，避免犯下大错。

如果你觉得每一天都不值得记录下来，日积月累，就等于你的一生毫无价值。这是非常可怕的！

人的一生不可能每天都是惊心动魄的，平平淡淡才真实。小事更能引起共鸣，更值得写。

比如：如何解决早起难题？如何高效阅读一本书？如何在职场上快速晋升？如何做好一道菜？如何摆脱焦虑？如何应对孩子不写作业的问题？如何在装修房间时省钱？

诸如此类的话题都是我们在生活中经常遇到的小难题，都可以作为写作的素材。小事即大事，一堆的小困境构成了我们幸福又烦恼的生活。

每个人的生活都值得被记录，每一天都值得被认真对待。

006　写作是倒逼输入，不需要高门槛

写作是一个打造成长系统的过程，它倒逼着我们进行更多的输入和思考。

起初，我写作的目的，只是用来记录自己的思想。后来，随着写作的深入，我逐渐发现，写作本身就是产生思想的源泉。每当我坐下来思考并将这些思考写下来时，我的思维就会变得更加清晰，见解和认知也得到了不断扩展。

写作还是一种记录个人内心历程的方式。当你将内心的想法、情感和

困惑倾诉于文字，就能更深入地洞察自己，找到解决问题的途径。通过反思和总结，更好地了解自己的成长和不足，为未来设定新的目标和策略。

曾看过一个有趣的比喻：写作者就像一个小商贩，他们先进货（输入），然后整理货架（思考），再卖货（输出）。

具备写作能力的3个核心要素是输入、思考和输出。其中，输入是前提，思考是本质，输出是结果，三者缺一不可。

过去，我总是觉得自己学了很多东西，然而当我开始写作时，才发现自己的知识只是浅层的、零散的，没有形成体系。

通过高频、持续地写作，我养成了体系化的输出习惯。将思考和见解通过新媒体平台发布，并与他人通过这种媒介进行交流与讨论，得到了更多的反馈和启发。这种互动让我不断吸收他人的意见和经验，快速推动个人的成长。

写作是思想的钥匙，可以打开心灵的大门。

我们应该摒弃狭义的写作观念，不再将写作定义为高门槛的技能，而是将其视为一种自我表达、思考和成长的途径。

第二节　重新理解写作变现，开启10倍速成长

写作已经不再是仅仅停留在写出文字上，而是成为了一种可实现精神与财富双丰收的重要手段。通过写作，我们不仅可以表达内心的情感和思想，还可以将自己的知识、经验和见解变现，为个人带来实实在在的收益。

007　财富增值：写作助你实现复利效应

从一定的角度来看，写作就是对自己人生的总结，把自己成长中的技能、认知、思考等写出来，将自己的成长产品化。

比如，此刻你看到的这本书，就是我在写作中积累的经验，我把技能变成了作品，且在梳理的过程中，一次次更加清晰。

普通人成长最快的方式，就是我手写我心，我手写我做。

要时刻把自己经历的故事、学到的技能，想办法封装成产品，去销售自己。

通过输出自己的思想、经验和见解，不断地为社会创造价值。每一次行动都是一次投资，每一次输出都是一次积累。在这个过程中，我们不仅获得了成长和进步，更能实现财富的积累与回报，写作具有复利效应。

就像《纳瓦尔宝典》中对钱的描述："钱是上帝打给你的一张欠条。"

你为这个社会做出了贡献，它无法及时回报你，就给你打了一张欠条，这张欠条就叫钱，让你在需要的时候可以用它来调取资源。如果你不断成长，却不懂得分享，无法给他人创造价值，那就是在浪费宝贵的成长经历。

每个人都是一款产品，要实现精神和财富双丰收，要常问自己："我收获了什么？""我已经实现产品化了吗？""我已经实现规模化了吗？"

008　触达广阔：写作助你抓住时代红利

你创造的价值越大，帮到的人越多，获得的回报就越多。

作为一个普通人，力量有限，能力有限，如何创造更大的价值，帮助更多的人呢？

《纳瓦尔宝典》里有一句话："不要把人分成穷人和富人，蓝领和白领。现代人的二分法是'利用杠杆的人'和'没利用杠杆的人'。"

如何利用杠杆呢？《纳瓦尔宝典》中将杠杆分为3种，分别是劳动力杠杆、资本杠杆和媒体杠杆。

要使用劳动力杠杆，就得有人决定追随你。要使用资本杠杆，就得有人给你提供资金，你才能去进行投资或开发产品。

对普通人而言，资本杠杆和劳动力杠杆可能无法轻易获得。但在今天的互联网时代，媒体这个伟大的杠杆，是每个人都可以使用的。它可以帮助我们放大自己，超越个人的局限，触达更广阔的世界。

新杠杆就像一个均衡器，极大地缩小了人与人之间的差距。

在这个提供了新杠杆的时代，拥有写作能力是关键。无论是文字、图文还是视频，文案都是你利用媒体杠杆的第一步。随着互联网的迭代，这个杠杆的威力将不断增强。现在正是快速入局的时刻，一定要抓住这个时代的王牌，利用媒体写作来放大自己的价值，创造更多的可能。

009　超级销售：写作助你快速实现成交

一篇好的文章，就好比一个超级销售，它可以帮助你快速成交，且具备重复销售的潜力，不需要再付出时间成本。

我曾经带过很多从事销售的学员，辅导他们进行朋友圈写作，帮助他们直接通过文案与潜在的客户在线上达成交易。这种方法为他们节省了大量成本，避免频繁的客户拜访和费力的说服过程。

在体验到文案的威力后，他们开始有意识地打造个人的社交媒体形象，不断把朋友圈的文案发布在各个平台，用心经营个人品牌，为个人销售打开了门路。

事实上，销售的本质最终是销售自己，推销的是个人的专业能力、人品和价值观。只要懂得将自己靠谱的人设融入文案之中，助力个人品牌的塑造，就能迅速实现成交。这些方法和技巧将在后续内容中详细阐述。

打造好个人品牌，犹如拥有源头，让你源源不断地获得活水。

通过精准的文案创作，能够将时间转化为可持续的价值输出，实现个人与他人的共赢。

010　思考工具：写作助你克服自身短板

写作是一种独特的工具，可以助你克服自身的短板。

在带学员写作的过程中，我一直鼓励学员，要挑选自己的弱点来写一写。

你可能会问："既然知道了自己的短板，写作又能如何？难道不应该秀出自己的优势吗？"

写作的魅力在于，它不仅是一个创作工具，更是一种思考方式。

举个例子。

我的沟通能力一直不太好，但我接到了编辑下发的任务，要求我写一篇关于"如何提升沟通能力，成为受欢迎的人"的文章。面对这个选题，我不得不去查资料、找素材，并深入思考如何提升沟通力。这个过程其实就是一个极好的学习过程。

通过这次创作，我学到了很多，并且因为写作需要反复思考和打磨句子，我对如何提升沟通能力有了新的理解，逐渐克服了一些沟通上的障碍。

这种形式的写作，为我提供了实质性的帮助。

如果只是将写作当作创作或者赚钱的手段，那就有些可惜了，因此一定要让写作成为你最大的赋能工具。

我们不断重复思考的东西，塑造了我们的一切。所以，当你遇到困惑时，不妨用文字来"驯服"它们。通过写作来帮助你不断思考，克服自身的短板。

011 创造机会：写作助你放大个人优势

正如林桂枝老师在《秒赞》中所写："自己的优势不说，等于没优势！"

写作要展现你的优势！

这个观点与上一个观点截然不同，但并不矛盾。我们每个人都应该自信地展示自己的优势，学会毛遂自荐。

千里马必须展现自己的实力，才能吸引伯乐的目光。

展现自己并不是在炫耀，而是正常地表达自己，是一个人视觉化展示自己的名片。

曾经有个朋友向我诉说她的困扰，她意识到自己需要打造个人品牌，但一直没有行动，原因是她担心被人误以为是"高调"的人！

我也曾多次有过这样的顾虑，但我发现越是谦虚低调，越难引起别人的关注。刚开始工作时，领导认为我能力不足，只能给我一些琐碎的任务，我每天都忙着打印、复印，怨天尤人，觉得自己运气不好。

实际上，我组织过很多大型活动都很成功，也在多次演讲比赛中拿到过一等奖，我每年读50本书，积累了庞大的知识量……

但是，这些只有我知道，别人不会主动了解。

成年人要学会为自己争取机会，而不是等待被发现。

因此，要通过各种平台展示自己，让更多的人了解你的专业和能力，让需要你的人能够快速找到你，同时抓住机会，发挥自己的潜力。

周国平曾说："写作不是为了改变世界，而是为了安顿自己，安顿自己的心。"

我从写作中一次次看见自己，看到自己的过去，看到自己的焦虑，看到自己的傲慢，看到自己还未形成体系的、松散的知识框架……

刚开始写作，我一直思考怎么才能为读者提供价值，后来逐渐发现，我不只是写给别人的，分明是从中不断窥见自己，不断借写作来成长。

写出来的过程，是聚沙成塔，是让松散的思考更有价值，而不是过去就过去了。

写作是对人生的一种滋养。帮我们找到自己，人只有在活出自己的时候，才能更自洽，成长更快。

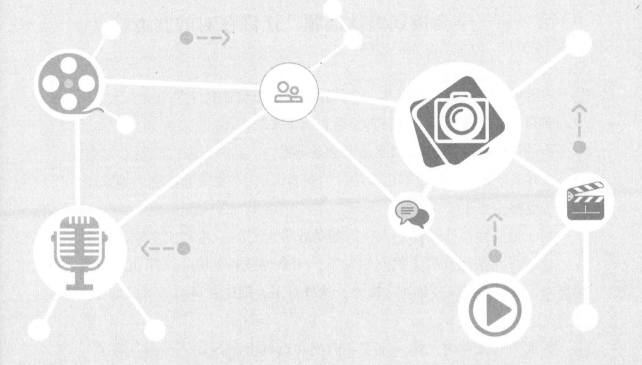

第二章

从小白到高手，必备的 7 个基本功

第一节　学会策划爆款选题，让你在对的赛道躺赢

在开始写作之前，先思考一个问题：选题重要还是文笔重要？

你可以在脑海中思考几秒钟，再看接下来的内容。

有的人会说："写作，当然是文笔最重要。"有的人说："选题非常重要，但是没有文笔加持，选题好也没用。"还有人说："文笔和选题同等重要。"

究竟哪个更重要呢？

对于新媒体写作的普通人，选题是非常重要的，甚至比文笔还重要。

这就好比选择和努力之间的关系。如果你选择的是一个下沉的方向，越努力，失败的速度就越快；反之，选择对了，像站在风口，可以助你一臂之力。

因此，写文章时，你一定要花时间在选题上下足功夫。当你有了一个好的选题以后，再去谋划布局、梳理结构，才能更好地传递内容。

挖掘出优质内容的核心，才能真正提高我们的写作质量，让我们的文章更加有影响力。

那么，如何策划好选题呢？我总结了"8个类型+4个借势"，用起来，让你在对的赛道中躺赢。

012　从8大类型入手，快速策划爆款选题

想要写好爆款文章，记住一个核心点：杜绝自嗨，提供价值。

很多新手写文章有个通病：自嗨！

我带过1000多名学员，90%刚开始写作都有这个问题。写了一大堆，感动了自己，文笔也很不错，但阅读量不高，投稿也得不到认可，辛辛苦苦写的文章总是石沉大海。

这是为什么呢？因为你解决的只是自己的情绪释放，满足了自己的倾诉欲，并不能给读者提供帮助和实质价值。

我总结了8大类，大家可以从这几个方面入手，结合实际，挖掘受众的痛点和需求，提供有价值的内容。

※ 成长指南类

每个人都希望能够少走弯路，快人一步，如果有捷径可以走，谁都不想错过。写这类选题，会吸引读者主动打开和传播，根本不需要费力，就能轻轻松松做出爆款文案。

我举个例子，相信你一下子就明白了。

例如：《新手写作避坑指南》《工作总结这样写，让你快速实现升职加薪》《这3种表达方式，让你一开口就赢了》《这样写会议纪要，不仅快还会被领导夸》。

这类选题可以让读者觉得"看到即得到"，有一种成就感，就这样精准抓住大众痛点，让读者觉得不看就是损失。

这类选题其实并不难，只要你善于总结，把自己的成长经验变成文章即可。不仅有利于自己成长，而且还能快速写出好文章。

※ 认知提升类

焦虑和迷茫已经成为这个时代人们的通病，随着人们认知的提升，大多数人开始思考人生的意义、工作的价值等，每个人都想在思维和格局上高人一等。如果你的文章，能够给读者眼前一亮的感觉，为读者提供新知，解除焦虑和迷茫，他一定不想错过。

例如：《自我提升的3把钥匙》《查理·芒格的"逆向思维"，读懂让你受益终生》《30岁以后，才明白工作的意义是什么》《人生一塌糊涂，是因为你活在"假性自我"中》《我通过这个表格找到了一生的热爱，从此人生开挂》。

这类选题针对的是人们成长过程中遇到的困惑，给迷茫中的读者提供一种解决方案。

※ 财富增长类

王尔德曾说:"在我年轻的时候,曾以为金钱是世界上最重要的东西,现在我老了,才知道的确如此。"

作为普通人,大部分都在为"碎银几两"而发愁。现在是一个大大方方谈钱的时代,在写文章的时候,可以结合自己的选题,从这个角度切入。

例如:《我靠这个方法,收入翻10倍》《这样汇报工作,让你快速实现升职加薪》《月入5千到5万,我总结了3个爆发式成长法则》《一年收入翻3倍,后悔没早知道的5种能力》。

这类选题让读者觉得,看了文章就能够掌握财富密码,有种躺赢的成就感。

※ 婚姻情感类

婚姻情感是关于两性关系的,这类话题自古以来就是热点,不管是电视剧、电影、短视频还是文章,都逃不开这个话题,就连金庸先生的武侠小说都逃离不开爱恨情仇,有了情感的纠葛,故事的丰富度更高。围绕婚姻情感的痛点来写,也是打开度很高的话题。

例如:《5条婚姻潜规则,读懂了让你幸福一生》《婚姻的真相:和谁过,其实都是和自己过》《内耗式婚姻的5种表现》《我和老公制定了10条婚后法则,停止了家庭内耗》《我和老公10年不吵架的秘诀》。

婚姻是幸福的根基,对美好爱情的向往,对家庭关系的重视,让人忍不住点开阅读文章。

※ 亲子教育类

亲子教育一直都是一个难题,过度的教育会令孩子痛苦不堪,放养式教育会让孩子变得玩世不恭。如果你总结了一些很好的方法和技能并分享出来,家长们一定不想错过。

例如:《如何培养一个自律又上进的孩子?不妨试试这一招》《孩子优不优秀,80%的决定权藏在父母的语言里》《掌握这8个育儿小技巧,育儿路上无难事》。

育儿的方法永远不嫌多,家长永远会重视对孩子的教育。

※ 书评影评类

一本经典的书籍，一部经典的电影，可以带来很大的影响力，喜欢读书或者看电影的作者，可以写读后感或者观后感。

例如：《如果你觉得人生太苦，不妨读读〈平凡的世界〉》《看了10遍〈肖申克的救赎〉，总结出6条人生精华，句句戳心》《职场必读书籍〈长安的荔枝〉，把生存法则都给你了》。

这类选题帮助读者把精华总结出来了，能快速地帮读者筛选好看的书籍和电影，节省了读者的时间和精力，因此这类选题的热度一直很高，尤其是在小红书的种草平台上，很多新手可以靠这种选题快速吸粉。

※ 人物故事类

大多数人都有"慕强"心理。慕强即崇拜强者和优秀的人，人生在世，最需要解决的是生存需要。慕强的背后，是希望自己也能够有所成就，快速强大起来。同时，也因为人有"依附"心理。所谓依附，是觉得自己弱小，需要别人帮助，借助别人成功的方法，帮助自己成长。

分析完原因，再回到策划爆款选题上就会容易很多。我们可以写人物故事类，从名人传记中学会成长，从榜样的身上寻找力量。

例如：《苏东坡：没有如意的人生，只有看开的生活》《杨绛：到了一定年龄，你终将不争不吵不炫耀》《从俞敏洪身上学到的5个成长法则》《董宇辉给年轻人的4条人生建议，看完突然不焦虑了》《大厂领导教会我的3个职场生存法则》。

这类选题给读者一种窥探牛人成长秘诀的愉悦感。

※ 励志鸡汤类

这类文章是无用之用，每个人都有比较丧的时刻，需要及时补充能量，只要能"熬出好鸡汤"，读者是愿意买单的。

例如：《心态好了，一切就顺了》《新的一年，请逼自己优秀，然后骄傲地活着》《改变一生的10个好习惯》《别让"讨好型人格"，拖垮你的人生》《成年人的顶级自律——克制自己的反驳欲》《让自己舒服，是一个人的顶级情商》。

每个人都有情绪,都需要一个出口,如果有人说出了你心中憋了很久的话,你一定会边看边点头,忍不住给作者点赞。因此,给读者提供情绪价值,也是非常受欢迎的选题。

千万别小看这类选题,你可以回想一下,当你的情绪得不到释放的时候,内心有多痛苦,当你被现实打击了,低迷的时候,有多需要能量。

我们可以结合自己写作的方向和需求,按照以上 8 大类嵌入你的内容,策划自己的选题,更好地提升文章选题的打开率,抓住读者的吸引力。

013　学会 4 个借势思维,轻松引爆话题

明白如何策划选题后,可以在这个基础上,再次借势,引爆话题。

※ 借势 1:名人效应

在现实生活中,我们距离牛人很远,但是在文字的世界中,我们距离牛人近在咫尺。

名人本身自带流量,因此我们可以在策划选题的时候,巧妙地和当下热点人物相结合,或者借用经典人物,可以提升文章的影响力。

比如,你现在要写一个关于职场的话题,如果只写"5 个快速升职加薪的方法",力度就比较弱。如果加上名人,就变成了"看了董宇辉最新演讲,我总结了 5 个快速升职加薪的方法"。

再比如,你要写一个关于婚姻的话题,本来表达的观点是"门当户对并不重要,最重要的是三观匹配",加上名人,就变成了"杨绛:门当户对并不重要,最重要的是三观匹配"。

借势,可以让我们的文字更有说服力,也更有流量。

※ 借势 2:热点效应

借用当下的热点话题。热点话题就是流量密码,我曾经的 10 万多甚至百万多阅读量的文章,大多数都和当下的热点话题相结合。热点相当于大家的社交货币,因此会在短时间内帮助你聚焦读者的注意力。

平时看文章、刷视频的时候，留心观察点赞数、收藏数、转发数，这些数据是最直接的反馈，看到最火的选题，学会借鉴和模仿。

要注意的是，热点只是作为一个引子，最终还是要传达出我们真正想要表达的内核。

※ 借势 3：模仿效应

如果你还是觉得自己把握不好选题。接下来的这一点，你一定要牢牢把握住。

要学会聪明地"跟风"，对标大号，拆解他们的爆款选题有哪些，分析他们为什么会爆。刚开始搞不清楚的时候，可以采用"傻瓜模式"，即对标的账号写什么，你就写什么，因为他们的选题策划能力相对成熟。

从模仿开始，慢慢找感觉。迷茫的时候，与其瞎琢磨，反复内耗，不如跟着大号走，先行动起来。

※ 借势 4：群众效应

最后一点，借用群众的势能，让大众帮你想选题。以前想要随时聚集一群人进行头脑风暴不容易，但是现在借助平台势能，我们随时可以借用大众的智慧。

如何借用群众力量呢？

一是注意评论区。比如，要写一个热点话题的文案，但是没有灵感，你可以从评论区中找 3～5 个非常让人触动的点，快速开题，而且从评论区可以看到大家真正关心的话题。如果热点话题是写爆款文案的门，那么评论区便是内核。

二是学会用知乎、小红书、微博平台，你可以把自己的问题直接写出来，看大家的问答，从中寻找启发点和灵感。

聚集群众的智慧和力量，可以事半功倍。写作要学会用巧力，而不是蛮力。

8 大类型 +4 大借势用起来，会让你在对的赛道中躺赢。

——写作小贴士——
策划选题的8个类型+4个借势

一、8个类型，策划选题。
- ☐ 第一类：成长指南类
- ☐ 第二类：认知提升类
- ☐ 第三类：财富增长类
- ☐ 第四类：婚姻情感类
- ☐ 第五类，亲子教育类
- ☐ 第六类，书评影评类
- ☐ 第七类，人物故事类
- ☐ 第八类，励志鸡汤类

二、4个借势，引爆话题。
- ☐ 借势一：名人效应
- ☐ 借势二：热点效应
- ☐ 借势三：模仿效应
- ☐ 借势四：群众效应

——课后作业——
写出1~3个选题，并说明选择这个选题的原因。

第二节　学会搭设写作框架，让你快速开题不卡壳

明确选题后，接下来是搭设框架。所谓搭设框架，就是写出一篇文案的骨架。下面将通过三步带你快速搭设写作框架。

在开始阅读下面的内容之前，先要作一个重点说明：如果你想在写文章的时候不卡壳，下面的步骤一定不能偷懒，尤其是思维发散的过程，要交给"笔"来完成，不要增加脑子的负担。

014　发散与记录，被 99% 的人忽略的重点

第一步，边思考边记录。千万不要觉得这是一句正确的废话，99%的人一开始就进入死局，就是因为不重视这一步。

动笔前思绪纷飞，但动笔时灵感好像被掏空，往往就是因为不注重记录思考过程。

记录下来，就好比把看不见、抓不住的气态形式，变成了看得见、抓得住的固定形式，当然会让你事半功倍。

因此，构思时，一定要拿出一张纸和一支笔，把思考全部记录下来。灵感是转瞬即逝的，要在一开始就养成随时记录的好习惯。

有痕迹地思考，才能算真正思考过。

再强调一遍：千万不要觉得麻烦而省去这个小步骤，细节拉开差距。

015　分类整理，让你从混沌走向清晰

发散结束后，第二步要对记录的内容进行整理。

拿着刚刚写好的内容，一条条进行排列组合，把同一类型或者同一个概念的内容放在一起，框架自然就浮现出来了。

分类的过程就像整理房间，把衣服、鞋子、裤子等分类摆放，让一切井然有序，思路自然就会清晰。

写作就是从无序到有序的过程，写多了做事情也会越来越有思路。

016　框架搭设，7种方法助你快速成型

第三步，到了快速搭设框架阶段。我总结出以下7种常见的文章结构框架搭设模式。借助这些模式，能够让你快速写出好的框架。

※ 第1种：并列式

并列式结构在自媒体文章中很常见，很多爆文通常都是采用这种形式。

提出一个总观点，然后从3个不同的维度论述，去支撑自己的观点。这也是我们常见的"总分总"结构。

比如，我曾经写过一篇爆款文章，主题是格局。

总论点是：你的格局，决定你的人生高度。

分论点一：格局是放下嫉妒，学会欣赏。

分论点二：格局是杜绝互踩，学会互持。

分论点三：格局是放下自我，实现双赢。

结尾总结：格局越大，得到的帮助越多。

在这篇文章中，各个素材之间的关系是并列的，各部分内容之间没有主次轻重之分。先写什么，后写什么，是没有区别的。一般3～4个部分最合适，框架搭设起来很容易，但是效果很好，非常适合新手。

公式：总观点 + 分论点 + 总结

※ 第2种：对比式

对比式结构是通过对比两种不同的现象，来表达观点的一种写作方式。

在文章中，可以运用对比手法，来突出观点的独特性、特点、优缺点等。

例如，你要写一篇职场晋升或者提升表达的文章，先指出一个反面例子，让读者意识到自己在职场中／表达中的误区，紧接着再给出一个正面例子。通过这样的正反对比，冲击力更强，也让读者有强烈的获得感。

注意：反例不要多于正例，毕竟文章的价值在于提供解决方法，而不是批判。

公式：正例 + 反例 + 总结

※ 第 3 种：递进式

递进式，是指在提出观点以后，层层论述，要在第一个观点的基础上延伸展开。

这类模式通过纵向展开，增加文章深度，给人以警醒和新知。由于论述透彻，作者提出的观点和做法往往更容易让读者接受。

递进式结构的特点是环环相扣，层层递进，不断深入。

例如，我之前辅导一个学员写过一篇文章《如何做一个靠谱的年度计划》。

开头提出问题，具体内容如下。

又到了做年度规划的日子了！回头看看，你去年的计划都完成了吗？询问身边一群人，很少有人把 2021 年的计划全部完成的，仅有少数人完成度超过 40%。

那么，到底怎么做一个靠谱的年度计划呢？今天就分享一套超级好用的方法。

紧接着，随着提问，展开论述。

第一部分：从你的个人愿景开始（从最大愿景开始）。

第二部分：复盘自己的现状（拉回到实际生活状态）。

第三部分：设定自己的年度目标（再聚焦到每一年）。

第四部分：拆解目标，设置月度、周度里程碑（拆解到每月、每周）。

结尾总结：看准目标，制定好策略，才能真正实现自己的年度计划。

你看，这个结构就是环环相扣的，顺序不能乱，从最开始提出问题，然后由大到小，进行论述，让方法论越来越落地，越来越清晰。

公式：提出观点 / 问题 + 第一层论述 + 第二层论述 + 第三层论述 + 总结

※ 第 4 种：剖析式

像剥洋葱一样针对一种现象进行剖析，提出问题→分析问题→提供方法→结尾总结。一般采用"是什么—为什么—怎么办"的结构搭设框架。

例如：我们要写如何提高情商，就可以采用这种方式搭设框架。

第一部分：阐述情商究竟是什么（是什么）。

第二部分：分析情商为什么重要（为什么）。

第三部分：怎么才能提高情商，给出方法论（怎么办）。

最后：在文章的最后做出总结，呼应开头，就是一篇很完整的框架了。

公式：是什么＋为什么＋怎么办

※ 第 5 种：盘点式

盘点式通常用于热播的影视剧、人物、热点新闻及痛点话题。

写这类文章的时候，根据自己搜索到的素材进行罗列，没有固定的数量要求。但并不是杂乱无章地堆砌，需要一条逻辑线来进行串联。

什么意思呢？任何一篇文章都需要有核心观点，你在盘点前，要明确最终想要传达给读者的观点。

例如：某个公众人物，因发生了某件事，引起了公众讨论，上了热搜。但是，这个人物身上有很多故事，到底该盘点哪些事件呢？

你可以先思考一下，你是想通过这个人物来传递艰苦奋斗的精神，还是想体现他乐观的生活态度，或者想传达给读者一种自律、专注的精神。

确定完这个主题后，在搜索和盘点素材的时候，就会更加有针对性，只需聚焦与主题相符的点来搜索即可。

公式：确定主题＋罗列相关素材＋用逻辑线串联

※ 第 6 种：清单式

清单式写作，也是常见的一种方式。确定一个主题后，采用小短句，一条一条地描述出来。

例如：《人间清醒的 20 句金句，读懂了受益终生》《值得长期坚持的 16 个好习惯》《人民日报推荐的 9 个好习惯》。

这类文章框架很简单，只需写上序号，后面跟上句子就可以了。

公式：序号＋小短文

※ 第 7 种：故事式

最后一种框架模式比较特殊，如果文章通篇只写一个故事，通过一个人物故事的起承转合来阐述你的观点，可以采用故事体来写。

开头点出困境：例如，我曾经很努力，但工作 5 年，升职加薪无望，只能看着身边的同龄人一个个超越自己。

紧接着写转机：后来发生了某件事，思维一下子被打开，重新开始学习，调整自己的工作方式，我原本都想放弃自己的人生，但是最终得到了救赎。

接下来写收获：当我开始×××以后，我发现升职加薪真的不难，工作变得不再费力，效率也提高了。从此，我遇到问题不再内耗，而是用学到的方法去破解。

最后，展望未来：其实，每个人都是一座待开发的宝藏。相信人人都可以通过这个方法受益，很多时候困住我们的是自己×××。

公式：困境＋转机＋收获＋未来

在写作过程中，搭设框架是非常重要的一步。它能够让我们更好地组织文章结构，有助于思路更加清晰，逻辑更加严密。以上介绍的 7 种常见的文章结构框架搭设方法，可以让我们在写作时更加得心应手，轻松应对各种类型的文章。

因此，一定要养成框架思维，这样不会让自己跑题。协助我们时刻围绕目标，抓住重点，从而更加高效地完成一篇文章。

——写作小贴士——

三步走，快速搭设文章框架不卡壳。
- 第一步：发散与记录
- 第二步：分类整理
- 第三步：框架搭设

  第1种：并列式。公式：总观点+分论点+总结
  第2种：对比式。公式：正例+反例+总结
  第3种：递进式。公式：提出观点/问题+第一层论述+第二层论述+第三层论述+总结
  第4种：剖析式。公式：是什么+为什么+怎么办
  第5种：盘点式。公式：确定主题+罗列相关素材+用逻辑线串联
  第6种：清单式。公式：序号+小短文
  第7种：故事式。公式：困境+转机+收获+未来

——课后作业——

使用7种框架搭设的模式，快速搭设一篇文章的框架。

我的选题：_____。

选用结构：_____。

①开头引入：_____。

②第一部分：_____。

③第二部分：_____。

④第三部分：_____。

⑤结尾落脚：_____。

第三节　学会快速搜索素材，让你的文章脱颖而出

确定完选题后，紧接着是搭设框架，这两步完成后，第三步就到了填充素材。素材占据了文章的半壁江山，决定了文章的整体质量，因此一定要重视。

我总结了8种搜索方式+6种发散技巧，让你又好又快地找到素材，以此解决素材难题。

017　8种精准搜索方式，助你快速搞定写作素材

在写作中，寻找合适的素材是非常重要的，它能够丰富文章内容，提升文章质量。8种搜索模式，让你快速搞定写作素材，吸引读者眼球。

※ 搜索相关的书籍

以"目标管理"为例。在搜索框直接输入"推荐目标管理的书籍"，单击搜索按钮，就可以看到与之相关的书籍。根据推荐的书籍，选择一本最适合的，再顺藤摸瓜，去搜这本书籍的书评。通过这种方式可以快速激活灵感，并引用其中的故事，来支撑自己要表达的观点。

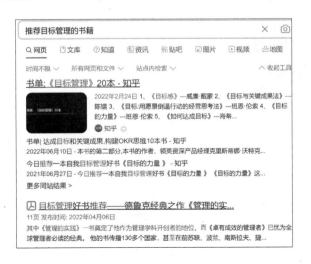

※ 搜索相关名人传记

还可以搜索与你的观点相关的名人故事。例如：在搜索框输入"任正非＋目标管理"，单击搜索按钮，就会弹出来相关的内容。这时你可以快速浏览，并把相关的内容进行整理和描述，作为写作素材，来支撑自己的观点。

※ 搜索影视素材

我们可以围绕经典的电影、综艺节目等，去搜相关的素材。例如：目标管理＋令人心动的 Offer／圆桌派／奇葩说／肖申克的救赎等，在搜索结果中就能够看到相关的内容，从中可以快速地找寻最符合你的主题的内容。

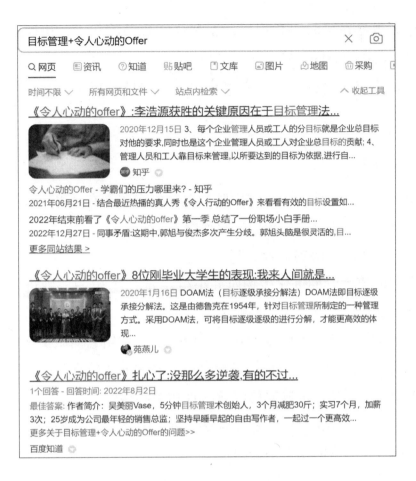

※ 搜索相关资讯

借助新媒体平台，如微博、知乎、小红书等，看看最近有没有与你的主题相关的话题，找到最贴合文章主题的内容作为写作素材。

注意：最好搜索最近的热点话题，可以借用热点的势能，提升文章的阅读量。

※ 搜索名人名言

一篇文章的金句能够为文章增添很多色彩，当你自己不会写金句的时候，一定要学会借势，去搜索和文章主题相关的名人名言，快速地纳入文章中。

在搜索框中输入"关于目标管理的名人名言"，在搜索结果中会有很多关于这个主题的句子，从中选择最切合主题和最打动你的即可。

同时，也要在平时注意积累，看到令你心动的句子，快速地记下来。当你下次写文章的时候，可以随时拿出来。

新手起步阶段可以靠纯搜索模式，后期用自己建立的素材库，可以快速完成一篇文章。

※ 搜索社会实验

搜索相关的社会实验。这些实验和概念本身非常有意思，有故事情节，有认知增量，非常适合作为我们的写作素材。

例如：惊人的"懒蚂蚁效应"。

日本北海道大学的进化生物研究小组，分别对30只蚂蚁进行追踪，大多数蚂蚁都很勤快，只有少数蚂蚁无所事事。

生物学家把这些少数蚂蚁叫作"懒蚂蚁"，并给它们做了标记。

当研究小组断绝它们的食物来源以后，勤快的蚂蚁立马乱成一团，"懒蚂蚁"们则不慌不忙，带领蚁群向新的食物源转移。

原来懒蚂蚁不是懒，而是把大部分时间花在侦察上。由此引出一个道理，没有深度思考，所有的勤奋都是白搭。

这个道理不见得多有新意，但是结合了这么一个实验，就会让读者感觉很新奇，学到了新的知识，那么文章整体看起来就会更加生动有趣。

※ 搜索定律与思维

搜索某某定律、某某思维等这类话题是经过前人总结出来的，可以给我们提供更好的思路，也可以作为文章的素材。

例如：荷花定律、竹子定律、金蝉定律，以及绿灯思维、窄门思维、赛点思维等。

这里以"荷花定律"为例进行讲解。

一个池塘里的荷花，每天开放的数量都比前一天多两倍，到第30天池塘里的所有荷花都开放。那么，什么时候池塘里会开放一半的荷花呢？很多人觉得是15天，其实是在第29天的时候。前29天池塘仅开放了一半的荷花，在最后一天开放的数量相当于前29天开放的数量，这就是荷花定律。

人的一生就像荷花。很多事贵在前期的积淀，到最后才会厚积薄发，得到不错的结果。

这种素材可以给读者耳目一新的感觉，让读者有收获感。

※ 搜索自我经历

最后，别忘记从自身出发，你可以回顾一下自己的成长经历中，有哪些和主题相关的素材，每个人都有自己独特的经历和感悟，这些经历和感悟可以成为你写作的素材。

记住：你本身就是巨大的素材库，且这种素材最宝贵。

以上提供的 8 种搜索素材的方法，可以让你快速找到优质素材，写出更具深度和价值的文章。但前提是需要有耐心，很多人并不是找不到好素材，而是缺乏耐心。

尝试使用不同的渠道和方法去寻找素材，你一定能够找到更好的写作素材，让文章脱颖而出。

018　6 种思维发散技巧，助你增加元素避免雷同

知道如何搜索素材以后，很多人可能还是觉得搜索的内容不够丰富。

现在正处于内容爆炸的时代，同质化越来越严重，我们怎样才能让素材更加丰富呢？

大家可以通过以下 6 个方面发散思维，扩大你的搜索圈，丰富你的素材库。

※ 寻找周边词

围绕文章的关键词，寻找它的周边词。

这是什么意思呢？

比如我们要写的主题是"圈子很重要"，那么除了可以搜索圈子，还可以搜索朋友圈、环境、人脉等与之相关的关键词，而不是仅仅局限于一个词语。

当我们被困住的时候，搜索的内容也会显得单薄。当你不断去思考它

的周边词以后，就会不断打开自己的思路，越来越有灵感。

※ 寻找近义词

如果不知道该怎么扩展周边词，还有一种方法，即寻找它的近义词，比如要写"圈子"，可以去查一下圈子的近义词是什么？甚至可以思考它的反义词是什么？

通过近义词和反义词的发散，可以给你带来更多的思路，你还可以通过其近义词的近义词进行第二轮搜索。

例如：搜索"环境"的近义词，得到的是"处境""条件"，进行第二轮思维发散，可以搜索"处境""条件"的近义词。

通过这种方式，灵感会被源源不断地激活，给你带来更多更好、更新颖的内容。

※ 巧用符号

巧妙地使用符号，也可以帮助我们扩展搜索。"-"代表搜索内容去除相关信息；"|"代表并列，用于多个同义词搜索；加入"intitle"，代表搜索关键词出现在标题中；"空格"代表相关类型，类似于加号。

把相关的词组合在一起进行搜索，比如在关键词后面加上人物、电影、或者名言、书籍等。

※ 跨界搜索

将不同领域、不同行业、不同视角的素材进行关联，会产生新的思考。

你可以从不同的文化、地域、时代、群体等方面进行素材收集。这样可以获取到更广泛的素材，让你产生更多的思想碰撞和启示。

举个例子，现在你想写目标管理，可以从商业、个人成长、团队协作等多个角度论述。

再以健康饮食为例，你可以从以下几个方面入手。

从营养角度：探讨健康饮食如何帮助人们获得足够的营养。

从健康角度：探讨健康饮食如何帮助人们保持身体健康。

从环保角度：探讨健康饮食如何帮助保护环境。

从不同维度出发，能够大大减少内容的同质化，提升文章的新颖度，为读者提供新知。

※ 数据搜索

通过数据统计、报告、调查等方式，寻找相关的数字资料。这些数据可以为文章提供事实支持，更有说服力。

例如，写一篇关于个人成长的文章，可以搜索"关于大学生个人成长的分析报告""关于00后人群特征的调查报告"等，这些数据和报告，也可以给你提供更多的思考和帮助。

在平时看到数据报告的时候，也可以多思考、多积累，随时为写作储备素材。

※ 逆向搜索

写文章不仅可以从正面入手，也可以从相反的角度进行思考，寻找素材。

比如，写一篇关于成功的文章，可以从失败的角度入手，探讨成功的本质；要写关于战胜拖延的文章，可以使用"逆向日程表"；要写如何更好地利用时间，可以探讨时间浪费的原因等。

通过逆向思考和搜索，能够更加容易打开困局，快、狠、准地戳中读者。

以上6个方法，可以让我们收集的素材更加丰富多样，为文章提供更加有深度的内容。不仅减少同质化的可能，也增加了更多的元素和论据。

寻找素材并不难，只要按照上面的方法去实践，人人都能找到好素材。

——写作小贴士——

一、8种精准搜索方式，助你快速搞定写作素材。

☐ 搜索相关的书籍

☐ 搜索相关名人传记

☐ 搜索影视素材

☐ 搜索相关资讯

☐ 搜索名人名言

☐ 搜索社会实验

☐ 搜索定律与思维

☐ 搜索自我经历

二、6种思维发散技巧，助你增加元素避免雷同。

☐ 寻找周边词

☐ 寻找近义词

☐ 巧用符号

☐ 跨界搜索

☐ 数据搜索

☐ 逆向搜索

——课后作业——

使用上面讲到的方法，寻找文章素材。

第四节　学会正确加工素材，5个模板帮你快速上手

上一节解决了找素材的问题，但是对新手来说，还是不知道如何下手，甚至很多比较成熟的作者也会有这方面的问题。明明是同样的素材，但是别人写出来，就是比自己的好，你和高手之间的差距也许不是天赋和功底，而是一个素材库，以及加工素材的能力。

如何在有限的时间内积累到更多的素材，并将素材又快又好地融入到自己的文章中呢？接下来教你3步快速搭建素材库，利用5个模板快速加工素材。

019　3步建立素材库，让你的灵感源源不断

很多人会羡慕那些观点新颖、文笔优美、引经据典、金句频出的文章和作者，但其实他们也需要日积月累地积累素材。

作为写作者，除了要掌握一定的写作技巧，还应该养成好的素材收集习惯。这样，当我们需要写作时，才能事半功倍，轻松写出好文章。

※ 养成积累素材的习惯

从一开始就养成好的习惯。建立你的素材库，素材库是灵感库的重要来源，让你随时可以动笔，不慌不忙地开始一篇文章。

千万不要觉得建立素材库很难，其实，只需把你看到的好案例、金句等，直接复制、粘贴，顺手放在文档中就可以了。

这里要注意两个细节。

第一，养成随时整理的习惯。不要等事后想起来再去找，这样既浪费时间，还有可能存在找不到的情况。

第二，不要去修改里面的内容，直接复制、粘贴即可。一是修改过程可能会打断你思路，影响你思考；二是增强了收集素材的难度，会让你对建

立素材库有畏难情绪；三是当你真正使用的时候，根据适用场景合理修改素材会更恰当。

※ 搭建素材库

搭建方案一：类别搭建法。

为了方便查询，可以把素材分类。

第一步，先建立文件夹，名称为"素材库"。

第二步，在"素材库"文件夹中进行分类，分别建立子文件夹。例如：个人成长类、情感类、育儿类、名人故事类、金句类等。（这里只是举例说明，具体要建立的类别，大家可以根据自己的实际情况和写作来定。）

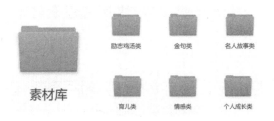

第三步，再细分子文件夹。例如，经常写个人成长类的文章，那么收集的相关素材就会相对较多，可以再将其划分为目标管理类、时间管理类和书单类等。

这就好比给自己的子文件夹中建立了几个抽屉，并贴上标签，找的时候去看抽屉的标签即可。

搭建方案二：结构搭建法

和方案一类似，只是搭建的内部结构发生了变化。

第一步，先建立文件夹，名称为"素材库"。

第二步，在"素材库"文件夹中分别建立子文件夹。子文件夹根据一篇文章的结构来建立，例如：选题库、标题库、金句库、案例库、观点库和图片库等。

这样一个素材库就搭建完成了，每个人都可以根据自己的个人需求和习惯来建立自己的素材库。底层逻辑不变，形式可千变万化。

※ 定期整理

接下来，要给自己定一个整理习惯，可以每天晚上梳理一次，也可以每周进行一次大梳理，还可以每月梳理。

根据我的个人经验，最好一周整理一次。这样既不会觉得过于频繁而感到压力，也不会因为长期积压，导致素材太多而不好整理。

注意：刚开始的时候，可以先不用设置太多小子项，先建立一个文件夹，有好的内容，先收集起来再说。当你收集的内容越来越多的时候，自然会倒逼你有体系地进行分类。行动起来才是最重要的，不要一开始就追求完美。

020 5个爆款模板，帮你快速加工写作素材

前面讲了收集素材的方法和素材库的搭建，此时很多人手里有了一堆资料，可是一到写文章的时候，思维却如一团乱麻，无从下笔。这时就考验你的加工能力了。找素材就像采购食材，有了好的食材，却不会加工，只能浪费。

很多人在使用素材的时候，要么一字不漏地照搬照抄，要么随意地改编生搬硬套，要么寻章摘句不得要领，要么若即若离偏离精髓，这些都极大地影响了文章的表现力。

套用下面的5个模板，能够帮你解决素材加工的难题。

※ 模板1：金句 + 素材描述 + 总结 + 金句

不能单纯地复制、粘贴素材，这样收集的素材没有灵魂。

首先，我们要用自己的话对素材进行重新描述，使其更好地贴合文章的观点，并融入自己的书写风格。

在加工素材时，要注意从语言上对素材进行润色包装，使平淡的素材熠熠生辉。

具体写法遵循两条原则：一是要紧紧围绕选题的中心思想。也就是说，删除与题目无关的部分，浓缩精华，其余的部分即使很精彩，也要忍痛割爱，绝不手软；二是要恰当地表达作者的感情，即在原来的基础上注入自己的感受和思考。如果你不知道怎么修改，可以先读一遍素材，然后把素材关闭，靠自己的记忆和理解描写出来，这个时候，你一定会不自觉地加入自己的想法。

完成这一步后，要进行总结，也就是这段素材带你给的启发和思考，你要用简洁清晰的句子总结出来，并给读者以启发。

最后，在前后各加入一句金句。刚开始不会写金句，可以先搜索，借助名人名言。后期慢慢仿写，不断提升。如果刚开始觉得难，可以只在前面或者后面加一句，不用全部都加。

我从一篇文章里面摘录了一部分，作为例子，见下图。

修炼心态，能自燃

一句话直接引入故事
早年间，听过一个意味深长的故事。

讲故事

一群工人正在铁路上劳作，一辆火车缓缓停在轨道旁。

队长杰克被铁路公司董事长迈克邀请上去，畅聊了一个多小时。

原来，20年前他们曾同时加入铁路公司。

有工友半开玩笑地问杰克："那为何他成了CEO，你却还要跟我们一起顶着大太阳干力气活？"

他垂下头："20年前我只为每小时2美元的工资工作，而迈克却为他心中的铁路事业而工作。"

身边有多少人，刚出社会时，都是胸怀大志、满腔热忱的迈克。

最后却在岁月的汩汩温水里，活成了得过且过混日子的杰克。

> 这几年，互联网行业里有个很火的词：老板思维。
>
> **对故事进行总结**
>
> 什么意思呢？也就是说，当你用老板的心态做事时，就能收获管理级别的成长；
>
> 而若你用打工者的心态做事，给多少钱干多少活，多一事不如少一事，能偷懒则偷懒，那就永远只能停留在基层。

> 一个人对工作抱着什么样的心态，影响着他的眼界，也决定了他的未来。　一句话金句

这个模板很实用，在新媒体文章中经常可以看到，不管是思维认知、观点阐述，还是概念解释，这个公式都可以直接套用。

如果只是单纯地放置素材，文章会显得索然无味。描写完素材以后，马上进行总结，在前后再加入金句，就像在一道索然无味的菜中，加入了油、盐、酱、醋，味道才会更好，读者也会读得有滋有味。

※ 模板2：痛点+解决方案+打比方+总结

很多人反馈，写干货文章最头疼，因为一是担心读者看不懂，二是担心读者看不进去。接下来这个模板，可以很好地解决这个问题。

我之前在秋叶PPT上看过一个例子，用这个作为案例进行拆解。

文章的标题是《花了一天都没做完的PPT，老公半小时搞定，很牛吗？》。

开头场景化的痛点引入：前两天有一个热搜，真是把我气到了，有位小姐姐说自己一整天没做完的PPT，老公半小时就做完了。（原文见下图）

> 前两天有个热搜，真是把我气到了。
>
> 有位小姐姐说，**自己一整天没做完的 PPT，老公半小时就做完了。**

这就是短、平、快地设计了一个非常有意思的开头，有痛点（做PPT难）、有场景，还借用了"热搜"这个概念，读者就会很容易有代入感，好奇到底

发生了什么？夫妻两人有没有吵架呀？为什么有这么大差异？有没有什么自己可以学习的方法？

接下来快速引出"我有解决方案"，即：PPT 根本就不难。你只要来秋叶 PPT 学过一两招，就不会说这样的话。（原文见下图）

看到这里，可以总结出一个公式："痛点引入 + 解决痛点 + 具体方法 123"。

但是，到这里只是完成了一半，要想让文章更有趣，要边讲干货边打比方。

比如，我曾经辅导学员写过一篇关于"如何做年度计划"的文章。

题目为《如何做一个靠谱的年度计划？分享给你一套超好用的方法》。

开头，切入痛点，指出大部分人的年度计划都做不完。那么，到底怎么做一个靠谱的年度计划呢？今天就分享一套超级好用的方法。原文见下图。

又到了一年一度立flag，做年度规划的日子了！

回头看看，自己去年的计划都完成了吗？

询问身边一群人，很少有人把2021年的计划全部完成的，仅少数人完成度超过40%。

三毛说："人类往往少年老成，青年迷茫。"

我们越是迷茫，越想要匆忙地天马行空地写个年度计划，好在内心安慰自己一番："看，我今年有这么多安排呢！"

紧接着给出方法论，在这个过程中一边讲干货，一边给模板，一边打比方。这篇文章将干巴巴的文字变得十分生动有趣，也让读者能够更好地消化和吸收。原文见下图。

04

拆解目标，设置你的月度、周度里程碑

☆成为目标拆解高手

马拉松选手山田本一就是一个目标拆解高手。

这个矮个子选手，没有先天的体力优势，却在3年内2次获得国际冠军。

每次比赛之前，他都要乘车把比赛的线路仔细看一遍，并把沿途比较醒目的标志画下来，比如银行、红房子等。

比赛开始后，他只需要奋力冲向第一个目标，然后再以同样的速度冲向第二个目标，接着是第三个……

漫长的40多千米赛程，就被分解成几个小目标轻松地跑完了。

（加入例子，帮助读者理解）

我们拆解年度目标也是如此。如果一开始就盯着最终目标，心理压力会非常大，还没开始就觉得困难了。

不如尝试为自己的目标设定几个里程碑事件，计划开始实施后，你只需一股脑朝着一个个里程碑奔去就好了，专注当下。

☆ **画好甘特图**

将每个年度目标都拆解完毕之后，我们还要做一个小工作，就是计算好自己每日可支配时间大约有多少，再把所有计划铺在一张甘特图上，什么时间段完成什么目标，一目了然。

（给出方法：学会拆解目标）

因此，我们可以总结一套模板，即"痛点＋解决方案123＋打比方＋总结"，用这种方式写文章，增强了可读性和趣味性。

※ 模板3：一言一行一事一议

在写人物故事的时候，很多人觉得无从下手，面对一堆素材，有种"剪不断理还乱"的烦恼，怎么办呢？

可以采用"一言一行一事一议"的方式，帮你快速梳理脉络。

一言，即他（她）有哪些经典的语录可以直接拿来用，把这种句子放进文章中就是金句，自动为文章增色。

一行，即了解他（她）的生平事迹，有哪些行为和成就值得我们学习。

一事，即他（她）做过哪些具体的事，这些事就是他（她）一生的关键节点。

一议，即别人是怎么议论他（她）或评价他（她）的，用一句具有概括性的话语来总结。

在新媒体文章中，常会用某个人物来举例，支撑总观点，此时便可采用这种方式进行描写。

例如《杨绛：人生的三次觉醒》。

这篇文章的开头，用了杨绛的句子，即："人生一世，无非是认识自己，

洗练自己，自觉自愿地改造自己。"（一言）

> 杨绛先生百岁那年，曾接受一次采访。
>
> 记者问她："我们应当怎么做，才能变得更好，实现自我价值？"
>
> 杨绛先生回答："人生一世，无非是认识自己，洗练自己，自觉自愿地改造自己。"
>
> 在这复杂繁芜的世界里，庸人甘于沉沦，强者寻求自渡。
>
> 一个人只有不断淬炼、沉淀，变成更好的自己，你想要的生活才会奔你而来。

紧接着描写了杨绛先生的小故事。（一行一事）

> **第一个故事**发生在1938年，杨绛从英国留学归来，回到上海。
>
> 当时母校振华中学刚刚重建，老校长王季玉对她非常欣赏，于是开出优渥条件，聘请她担任校长。
>
> 碍于人情，杨绛勉强答应，承诺任期半年。
>
> 半年过后，老校长再三挽留，她还是坚决辞去了校长一职。
>
> 很多朋友都不解："别人求都求不到的职位，怎么你反而不要？"
>
> 杨绛解释说："我知道自己不是管理的材料，校长之位虽好，长久做下去，却只能误人误己。"
>
> 她辞了校长一职，随后踏上了自己的文学之路。

> **第二个故事**发生在几十年后，《杨绛文集》出版的时候。
>
> 当时出版社准备大张旗鼓，为她举办作品发布会。
>
> 杨绛得知后，婉拒了出席的邀请，她说："我只是一滴清水，不是肥皂水，不能吹泡泡。"
>
> 在她心中，自己并非什么名人，只是一个纯粹的文字工作者。
>
> 不管外界怎样喧闹，她都安然地端坐书斋，潜心阅读和写作。

最后描写了中国社科院老院长陈奎元曾对杨绛先生的评价。（一议）

> 中国社科院老院长陈奎元曾评价说：
>
> "杨绛先生最令人钦佩的是，无论时代变幻、人世浮沉，她永远知道自己是谁。"
>
> 正是这份清醒和认识，使得她能够全身心投入文学事业，成为一代大家。

通过这样的方式描述，文章就变得有血有肉有逻辑，而不是干巴巴地堆砌素材。

※ 模板4：名人素材 + 自己素材 + 成果 + 展望未来

新媒体时代，大家越来越有个人品牌意识，很多人想写自己的故事，但是真正动笔的时候，发现自己的经历过于平淡，也因为个人没有影响力，或者说服力不足，所以担心没有点击率。

当自己背书不够的时候，我们要学会借势，可以用名人素材 + 自我素材 + 成果 + 展望未来的形式。

例如写自己经营家庭的方法。

可以这样加工，从题目开始即可代入。如：从杨绛先生身上学到的3个经营家庭的方法。紧接着写杨绛先生关于经营家庭的故事，再写自己是如何实践的，并描述自己取得的成果。

这样的描写，会更有说服力。

最后别忘了展望未来，比如"相信通过这个方法，我们都可以拥有一个幸福美满的家庭。"

※ 模板5：前后左右

加工素材的时候，想要更有冲击力，可以用"前后左右"的方法。

前后，即before和after，也就是我们选取的素材要突出前后对比，其他无关内容要尽可能地删除。

左右，即周边，也就是你的改变（你的方法）能够给周边人（遇到同样问题的人）带来什么帮助。

利用这个模板加工素材，文章瞬间就会变得有冲击力、有价值感、有共鸣度。

房琪撰写文案时，也经常会运用对比手法。

例如：相遇之前，热爱自由的我们无法想象365天要和另一个人绑定；相遇之后，我们居然对这种生活甘之若饴。

不会写的时候，我们可以套用这种方式，效果真的超级好。

比如：有起床困难症的我，在没有早起前，觉得早起一定很痛苦，开始养成早起习惯后，我居然对这种生活甘之若饴；没有学习写作前我觉得写作很难，学习写作后我发现我居然也可以轻轻松松写出一篇爆文。

当读者看到你的变化后，会不自觉地带入到自己身上，从而促进读者行动起来，做出改变。

利用以上5个模板，可以极大地提升文章的表现力，让你的作品更加有趣、有料。

写作是一个输出的过程，如果我们持续输出，却从不输入和积累，很快就会被掏空；如果有了素材库，但是不会用，等于守着金山却一分也不能花，所以既要学会搭建素材库，还要学会加工素材。

——写作小贴士——

一、3步建立素材库，让你的灵感源源不断。
- ☐ 养成积累素材的习惯
- ☐ 搭建素材库
- ☐ 定期整理

二、5个爆款模板，帮你快速加工写作素材。
- ☐ 模板一：金句+素材描述+总结+金句
- ☐ 模板二：痛点+解决方案+打比方+总结
- ☐ 模板三：一言一行一事一议
- ☐ 模板四：名人+自己+成果+展望
- ☐ 模板五：前后左右

——课后作业——

01.建立自己的素材库，刚开始可以先简单分类，后期逐步完善。

02.按照今天学习的内容对素材进行加工，并说明采用什么模板。

第五节　学会写好文章开头，迅速抓住读者眼球

在碎片化时代，人们的注意力被各种信息瓜分，读者决定是否继续看你的文章就在开头的几秒钟之内，如果能在开头就把读者的注意力抓住，文章就成功了一半。

021　10种技巧快速开局，迅速抓住读者眼球

※ 第1种：引用名言

在文章开头引用名人名言，是最简单又最好用的。尤其是对新手来说，当不知如何下笔时，可以搜索与主题相关的名言。

例如文章《莫言：不经历点烂事，那算什么人生》的开头：

莫言曾在《蛙》中写道："不遭苦难，如何修成正果？不经苦难，如何顿悟人生。"

行走于世，无论是莫言，还是你我，都会遭遇数不清的烂人烂事。

但这些糟糕经历的出现，并非全无好处。

正所谓，经事长志，历事成人。人的生命格局一大，就不会为眼前的烂事沉沦。

这篇文章直接用了莫言的金句作为开头。名人的金句，往往要比我们自己写的句子更有力量和穿透感，能够更好地抓住读者眼球。

再比如文章《四十岁以后，请过递减的生活》的开头：

白岩松在《光阴的故事》里有一段演讲："年轻的时候，要玩命地做加法，让人生有更多的可能性；中年以后，这种状态就要收敛起来，要做减法，重新理清自己的人生。"

人过四十，每天在工作和家庭之间疲于奔命。

如果你感觉被生活压得难以喘息，那是在提醒你，该过递减的生活了。

所谓递减生活，就是为生活减负，让内心回归安宁。

这种引用名人名言的方式，对新手作者来说是一种福利，既能够借势，又能够解决自己文笔不够犀利的问题。

※ 第2种：引用场景

场景式开头会让读者马上有代入感，人们会根据语言的描述，自动脑补画面。

例如，有一篇关于父亲节的文章《人到中年，我才终于读懂父亲的3个真相》，开头就运用了场景描述。

多年前，在网上看到这样一个问题："如果拿你身上十斤肉换父母一年命，你愿意吗？"

当时，我在饭桌上开玩笑地向父亲提起，结果父亲停下手中的筷子，不假思索说："如果真的可以，我愿用我十年寿命换你一世安康。"

没想到自己随口的一句玩笑，竟换来父亲毫不犹豫地回答，以至于吃到嘴里的饭菜也夹杂着一丝泪水的咸味。如今，再次回想起当年父亲一脸认真的模样，我止不住又热泪盈眶。

这种开头很容易和读者产生感情上的共鸣，勾起读者心中埋藏的某种和文章相似的场景。

※ 第3种：引用痛点

引出痛点是写作的重要技巧之一，痛点背后是需求，更容易吸引读者的注意力。开头通过引出痛点，引发共鸣，激活读者情绪，然后一步步展开论述。

例如，现在节奏越来越快，人们越来越焦虑，有篇文章《对抗焦虑的7个小方法，送给很累很累的你》，开头这样写道：

你会经常感到焦虑吗？

当日或当周的考核没完成，急得吃不好饭、睡不着觉，满脑子都想着未做完的工作；

与朋友或同事有了矛盾，整日心神不宁，担心以后难以再和谐相处；

定了很多目标，最后完成的没几样，一边懊悔，一边不断埋怨自己。

最近，一项针对2000名成年人的调查发现，72%的人认为自己正变得越来越焦虑。

经常性地失眠、紧张、感到疲惫和挫败，对很多事物都提不起兴趣，甚至会怀疑自己的价值。

过度焦虑，真的会拖垮你的人生。

这样的痛点描述，仿佛每一句都是在描述我们的真实生活，读者一定会忍不住想要看下去，想知道到底该如何更好地解决焦虑问题。

再比如，《成年人顶级的自律，不熬夜》这篇文章的开头也是引用痛点。

晚睡，已经是当下许多人的一种生活习惯。

很多人，明知熬夜伤身，可心里就是控制不住自己。

有人热衷聚会，有人热衷看手机。

时间久了，自己的健康被透支，身体出现各种不良状况。

面对层出不穷因熬夜引发的悲剧，有人忐忑不安，有人心存侥幸，有人想引以为戒，但却沉溺其中，难以自拔。

不熬夜，成为当代人最难的自律。

写痛点，我们可以从以下几个方面来思考，从人群心理去找痛点（内心），从细分用户去找痛点（行为），从场景使用去找痛点（环境），可以更快地帮助我们找到痛点，写出好的开头。

※ 第4种：励志鸡汤

励志鸡汤类似于金句，用鼓舞人心的话开头，也是常见的文章开头方法。虽然读者对鸡汤越来越无感，但不得不承认，好的鸡汤总更能让人产生共鸣，卷入情感。这种开头通常会通过一些简短的语句来激励读者，让读者感到自己可以做到更多。

励志鸡汤通常具有以下4个特点。

一是使用积极、正面、乐观的词语，如"成功""幸福""梦想""希望"等。举个例子："把时间花在该花的事情上，别每天乱想，别遇到点芝麻蒜皮的小事就玻璃心，只要你真正奋斗起来，你就会发现自己原来很了不起。"

二是使用比喻、拟人、夸张等修辞手法，增加语言的生动性和感染力，如"风雨兼程""一步一脚印"等。举个例子："自律的苦轻若鸿毛，后悔的痛重若泰山。当你不知道该做什么的时候，就把手头的每件小事都做好；当你不知道该怎么开始时，就把离你最近的那件事情做好。有时候，坚持了你最不想干的事情之后，最后却发现得到了你最想要的东西。"

三是使用名人名言、经典语录、小故事等素材，增加语言的权威性和说服力。举个例子："劝你不要在愚蠢的人面前自嘲，他们会当真，而且在你面前傲慢起来。"

四是使用反问、设问、呼吁等语气，增加语言的互动性和吸引力。举个例子："你不努力，永远不会有人对你公平，只有你努力了，你才可能为自己争取公平的机会。"

根据这4个特点，我们可以围绕主题来撰写励志鸡汤类开头。

※ 第5种：热点事件

文章的开头还可以通过一些新闻或热点话题等，吸引读者目光。描述完后，要快速过渡到正文，写出自己想要表达的观点。

这类开头很容易提高文章的点击率，因为热点话题就是当下的社交货币。

例如：两个人因为一件小事越吵越烈，导致大打出手的事件有段时间频上热搜。那么，你可以快速描写这个事件，然后引出你要表达的观点："一个人最大的成熟就是克制自己的反驳欲，不要为小事大打出手。"

再举个例子，你想要写读书的重要性，可以在开头这样借热点：

最近《×××》爆火，演员××也再度翻红。她演技好，却低调不声张，不争不抢却自带光芒，让人回味无穷。其实她的爆红不是一朝一夕就实现的，众人爱她温润和智慧，殊不知她的爱好之一就是读书。粉丝多次发现她在拍戏期间还随身带着十几本书，这么努力的她，也难怪能够在娱乐圈凭实力获得超高口碑。她曾说是读书让她找到生活的节奏，不再迷茫和焦虑。对我们普通人来说不也是这样吗？

注意：不要为了追热点，而忽略了自己要表达的主观点。在写文章的时候，可以先把自己的核心观点写出来，再看看有没有可以嫁接的热点。

※ 第 6 种：制造反差

制造反差，使人产生好奇，吸引读者看下去。

利用数字反差。比如："从月薪 3000 到月薪 3 万，他是怎么做到的？"再比如："一个月时间，她从 150 斤变成了 120 斤的瘦美人。"

利用成长反差。比如："他从公司打杂跑腿，变成了我的顶头上司，厉害的人都会默默努力，狠狠耕耘，悄悄惊艳所有人！"再比如："人人觉得他很愚笨，还被北大开除，没想到最后成立了新东方，带着一群海龟创业！"

利用场景反差。比如："他穿得光鲜亮丽在大舞台上唱歌，没有得到掌声，但素面朝天，戴着头盔在工地里面唱歌，却获得了很多粉丝。"

利用年龄反差。比如："80 岁的老奶奶穿得比我这个 20 岁的人还时尚，从她这里我学会了 3 个穿搭技巧。"

反差的描写手法，不仅能够让人产生好奇，同时能够拉伸文字的张力，让读者忍不住看下去。

※ 第 7 种：制造悬念

人性中有一种本能的猎奇心理，开头加入悬念，会让人想一探究竟。巧妙地在开头设置利益点，让读者渴望看完文章后能得到某些信息。

悬念法中包括 3W，即 What（何事）、Who（何人）、Why（为什么）。

比如："读了这本书，才知道自己过的根本不是人生。""我今天才知道，原来牛人都是这么做时间管理的。""你知道你为什么一直很努力，却原地踏步吗？99% 的人就输在了这 3 个关键节点上。"

设置悬念可以让读者有更多的想象空间，把事物、人物、原因设置为悬念，可以吸引读者读下去。

※ 第 8 种：挑明利益

一开始就挑明利益，告诉读者，从这里能够获得什么。

无论是看书、学习还是做其他的事情，人人都只想听重点，看干货。

所以，直接在开头放干货，提升文章的含金量，利益心会让读者打开文章一探究竟。

比如："在工作中，你的业务能力明明胜过所有人，但就是不会表达，导致每次升职加薪都和你无缘，吃哑巴亏的你一定很憋屈吧？今天我教你10种能够快速提升职场表达力的方法。"

再比如："孩子的教育问题让家长很头疼，如果夸孩子怕他骄傲，如果批评孩子又觉得打击了他的自信心，今天给你解锁5种和孩子沟通的方法，父母一定要学会。"

这种方式是在开头提出大众关心的问题，再提解决方案，利用知识缺口，吸引用户点击打开文章。

※ 第9种：逆向思维

这种方式也很适合初学者，不会写开头的时候，可以借用一篇爆款的文章，反向思考，很多事情都不是非黑即白的，从不同的角度出发，可以得到不同的解题思路。

比如：很多家长，从孩子一出生，就开始焦虑，不想让孩子输在起跑线。

你可以这样写："人生是一场马拉松，不要陷入起跑线的焦虑。"还可以这样写："很多人其实就是因为太在意起跑线，所以才输了。"

这样的写作方式打破了常规思维，会快速引发读者好奇心。

※ 第10种：故事开头

小故事的开头并不一定要自己写，可以是你在某本书中看到的、某部电影里讲过的或者从别人那里听过的。

举个例子。

今天在某本书中，看到一个小故事："有一个商人，他……"

前两天听了一个故事，感触颇深："有一个商人，他……"

今天发生了一件事，狠狠给我上了一堂财商课，事情是这样的："有一个商人，他……（描写故事）。"其实，在平时生活中，我们也像这个商人一样，总想着在一些小事上占便宜，殊不知，其实我们才是那个吃大亏的人。

人人都喜欢听故事，我们看的电影或者电视剧都是以故事的形式展开的。在通过写故事给文章开头的时候，要注意，不要啰嗦，快速总结，引出观点。

以上10种开头方法，可以让你的文章开头更加有吸引力。在平时写文章的时候，有计划地刻意去训练和尝试，找到自己最顺手、最适合的方法，也可以将多种方法组合，不拘泥于某种特定形式。

022　谨防3个常见雷区，写好开头不是难题

学习任何技能，在掌握技巧之余，还需谨防"雷区"。很多人照搬所学方法着手写作，却还是不尽如人意，原因往往是陷入以下3个误区。

※ 避免开头冗长

文章开篇只是引子，千万不要长篇大论。开头若半天进入不了主题，读者会失去耐心。开头通常以300字左右为佳，用简明扼要的语言引出主题，避免过多无意义的文字叠加。

※ 避免开头突然

另一种情况则与上述相反，过于着急跳入主题，缺少必要的铺垫和交代，开篇会显得莫名其妙，读者难以理解。例如，有人开头写道："今天读了一本书，获得深刻感悟……"对书中的内容则只字不提。一定要作简单的交代。

※ 避免堆砌金句

很多人学习了"金句开头"的写法后，开始滥用。为了先声夺人，把格言、警句等一股脑儿地搬出来，以为这样就算是个好的开头。但实际上，这只是在反复表达同样的意思，读者会觉得你没什么独特见解。

以上3种情况是大部分人开头写不好的原因，即便是很多成熟的作者有时也会陷入这种误区。因此，写完一定要检查，避免自嗨。

掌握了以上方法，写好开头不再是难题。对一篇文章来说，开头虽短，

却值得好好斟酌和打磨，那是文章的"凤头"所在。所以，千万不要在不该偷懒的关键点上偷懒。

——写作小贴士——

10种技巧快速开局，迅速抓住读者眼球。
- [ ] 引用名言
- [ ] 引用场景
- [ ] 引用痛点
- [ ] 励志鸡汤
- [ ] 热点事件
- [ ] 制造反差
- [ ] 制造悬念
- [ ] 挑明利益
- [ ] 逆向思维
- [ ] 故事开头

——课后作业——

为你的文章写一个开头，并说明使用了哪个方法？（可以组合多种方法）

第六节　学会写好文章结尾，引发读者主动转发

结尾是文章最后呈现的内容，也是留给读者的最后印象。一个好的文章结尾能够激发读者的思考和行动，还会直接影响到读者的分享率和点赞率。

很多人前面辛苦创作，但是到收尾时，却马虎了事，是非常不可取的，这相当于白费工夫。认认真真走了99步，却在要胜利的时候掉链子。

到底什么样的结尾才能达到最佳效果呢？我总结了结尾的写作要领，用这些方法，会让你的结尾更出彩。

023　尊重峰终定律，避免白费功夫

首先，要重视结尾！

我带过的1000多个写作者中，没有人不知道这个道理，但是大部分人写到最后还是烂尾了。这是为什么呢？一篇文章到结尾的时候，大部分人都累了，习惯性匆匆结尾。因此，越是到最后越是拼耐力的时候，谁能认认真真完成最后一个环节，谁就能拿到最好的效果。

所以，一定要重视！

如果想让别人记住你，那么在结尾的时候，你一定要有令人震撼的点，最好加上易于传播的金句。

写文章，要尊重"峰终定律"，人们对于某一段经历的记忆，只会记得高峰时和结束时的感觉。

如果最后的结尾不够好，你前面铺设得再好，读者也会觉得体验感不是特别好。

024　10种技巧，轻松写出精彩结尾

※ 第1种：总结式结尾

总结式结尾是对文章的主题或中心思想进行概括和归纳，加深读者的

印象，让读者明白文章想要表达的含义。同时也帮助读者做一个整体的梳理，让读者更好地回味。总结完毕以后，再使用一些升华主题的语句感染读者，就会使文章既有观点又有情绪，令文章的整体水平再上一个台阶。

比如，文章《最好的关系，是相互麻烦、彼此感恩》在结尾时总结："人与人之间的关系不需要泾渭分明。彼此之间不麻烦、不打扰，就永远不会有交集。敢于麻烦、懂得感恩，双向奔赴的关系，才能久处不厌。"

再比如，《人生最顶级的坚持：读书，早睡，赚钱》这篇文章，正文就是三段论，讲了读书、早睡、赚钱这3个点。结尾又梳理了一遍："只有积极地坚持自律，没事多读书，晚上早点睡，让钱包鼓起来，才能让自己在遇到困难和麻烦的时候，能用一颗平常心去看淡。"

※ 第2种：名言式结尾

在结尾时引用名言，这种方法是指借用名人名言或经典语句来结束文章，增强文章的权威性和感染力，也可以与文章的主题相呼应或形成对比。

比如，写一篇关于阅读的好处的文章，可以在结尾加入相关的名人名言："正如杨绛先生在《读书苦乐》中所写，'我觉得读书好比串门儿——隐身的串门儿。要参见钦佩的老师或拜谒有名的学者，不必事前打招呼求见，也不怕搅扰主人。翻开书面就闯进大门，翻过几页就升堂入室，而且可以经常去，时刻去。'"

用名人名言一下子拔高了整个写作层次。读者转发文章的时候，可能就直接复制杨绛先生这段话作为朋友圈文案了。

※ 第3种：设问呼吁法

这种方法是在文章的结尾提出一个问题或发出一个呼吁，引起读者的共鸣或反思，激发读者的思考或情感。

比如，写一篇关于梦想的文章，可以在结尾时这样写："你有梦想吗？你为了梦想做过什么？你还在徘徊不前吗？想都是问题，做全是答案，让我们都勇敢地追逐自己的梦想吧！"

这种结尾通过问题，击中读者的内心，戳中痛点，呼吁读者行动。

※ 第4种：画龙点睛法

这种方法是在文章的结尾用一个精彩的细节、形象或比喻来点明文章的主旨或寓意，使文章更具有生动性和艺术性。

比如，写一篇关于友情的文章，可以在结尾这样写："友情就像一杯清茶，在平淡中品味出甘甜，在寂寞中感受到温暖，在困难中得到支持，在快乐中分享欢笑。"

恰当的比喻能够让读者有更深的体会，同时不会显得过于平淡和口语化。

※ 第5种：对比结尾法

用两种对立或相反的事物或观点来进行对比，突出文章的主旨或立场，增强文章的说服力和冲击力。

比如，写一篇关于选择的文章，可以在结尾用对比法："生活中总是充满了选择。有些选择是正确的，有些选择是错误的。但更重要的是，我们要为自己的选择负责。正如《未选择的路》所写：'两条路分岔在荒野，我选择了人迹更少的一条，从此决定了我一生的不同。'"

再比如，"当你迟迟不肯行动时，可以问问自己，你要想自律一时的痛，还是后悔一生痛。"通过这两种痛的对比，呼吁读者行动。

采用这种结尾方法，可以更好地启发作者思考。这类句子也非常容易激发读者的转发欲。

※ 第6种：反思结尾法

这种方法是在文章的结尾从自己或者读者的角度来进行反思或总结，引导读者思考文章的意义或启示，也可以增加文章的深度和价值。

比如，写一篇关于学习的文章，可以用反思结尾法："学习不仅仅是为了应付考试或者找工作，更是为了提升自己的能力和素养，拓展自己的视野和知识。学习是一种习惯、一种态度、一种享受。当我们真正热爱学习时，我们就会发现学习多么美好和有趣。"

短短的一句话，点出了对学习意义的反思，它不仅仅是传统意义上的为了应付考试或者找工作，还有更高的维度。读者看到这样的描述，也会不由自主地被代入，开始反思自己对"学习"二字的认知。

※ 第 7 种：引导结尾法

在文章的结尾用一个明确的行动呼吁或指引来结束文章，激励读者采取一定的行动或改变，也可以增强文章的实用性和影响力。

比如，有一篇关于早睡的文章，在结尾用引导行动法："总之，从今天开始努力，哪怕每天比前一天早睡 10 分钟，珍爱生命，远离熬夜。毕竟，有勇气结束今天，才能开启一个更美好的明天。生命的进度是不可控的，你永远不会知道，未来和意外哪个先来。没有任何事值得你用健康换。"

这个结尾给出了具体清晰的指引——"每天比前一天早睡 10 分钟"，同时点出了健康的重要性。看到这个结尾，读者会有立刻想要执行的冲动。

※ 第 8 种：感谢结尾法

在文章的结尾用感谢的语句来结束文章，表达对读者的感激和尊重，也可以增加文章的亲和力，提高读者对文章的信任度。

比如，写一篇关于阅读的文章，可以在结尾用感谢法："感谢你能耐心地看完这篇文章，希望它能给你带来一些收获和启发。阅读是一种良好的习惯，它能让我们开阔视野、增长知识、陶冶情操。如果你喜欢这篇文章，记得转发，让更多的人因你而受益。"

这种结尾方法可以总结为"感谢＋呼吁＋转发"，是很多作者会采用的一种方法。

※ 第 9 种：排比结尾法

排比可以增强语言的节奏感和韵律感，让文章更有节奏和美感。通过排比的句式在情感上可以更好地打动读者，让文章更有感染力和吸引力。运用排比，还可以概括文章要点，让文章更有逻辑性和说服力。

比如，"时间的名字叫公平，不会因为你的身份和地位而有所偏袒；时间的名字宝贵，不会因为你的懒惰和拖延而有所延缓；时间的名字无情，不会因为你的后悔和遗憾而有所回溯。"

通过排比句，强化了读者的印象，进一步提升文章的深度，在文末给读者一剂强心剂。

※ 第 10 种：强调价值法

文章的结尾还可以采用再次强调价值的方法，也就是你这篇文章能给读者带来什么？

比如："通过以上 3 种方式，一键解决你的目标管理问题，帮你年年达成目标。""你要始终记得，追求更好的人生，要看重勤奋的质量，而非勤奋的程度。""这 8 种好习惯，你越早养成越好，越能够助力你早日逆风翻盘。"

这样的句子，不是经典的金句，也不是排比句，但是它能够一句话总结你文章的价值点。

这种方式写起来很简单，同时也可以激发大家在转发的时候直接复制你结尾的句子。

很多作者的文章结尾就是潦草完成的，包括以前的我，经过这些年的积累和实战，我把最好用的 10 种技巧总结出来，希望能帮助大家在写作路上少走弯路。

——写作小贴士——

一、尊重峰终定律，避免白费功夫。

写文章要尊重"峰终定律"，人们对某一段经历的记忆，只会记得高峰时和结束时的感觉。

二、10种技巧，轻松写出精彩结尾。

- ☐ 总结式结尾
- ☐ 名言式结尾
- ☐ 设问呼吁法
- ☐ 画龙点睛法
- ☐ 对比结尾法
- ☐ 反思结尾法
- ☐ 引导结尾法
- ☐ 感谢结尾法
- ☐ 排比结尾法
- ☐ 强调价值法

——课后作业——

为你的文章写一个精彩的结尾，并说明使用了哪个方法？（可以组合使用多种方法）

第七节 如何写好文章标题，提高文章打开率

写出爆款文章，是每一个作者的追求。一篇文章的标题，就像一扇门，如果读者不进门，文章写得再好，也不会被看到，因此标题的作用至关重要。

好的标题会让人有一种"生理上"想看的冲动，即"看到这个标题我非打开这篇文章不可"的想法，不打开就会很难受。

如何才能写出让人"生理上"想看的标题？

025 13种技巧，轻松写出爆款标题

※ 巧用数字

在标题中加入数字，给读者一种获得感和轻松感。

例如"告别拖延的方法"，加入数字后变成"3种方法，帮助你告别拖延"。

例如"高效能人士的习惯"，加入数字后变成"高效能人士的7个习惯"。

经过上述对比，不难看出加入数字的魅力。明确的数字可以为标题增添很大魅力。

※ 巧妙借势

一是巧借名人。

在标题中加入名人，把本来陈旧、平淡的观点变得更有看点。

例如"拿命在拼的人，请放过自己"，加入名人后变为"57岁刘德华崩溃痛哭：拿命在拼的人，请放过自己"。

例如"让你不舒服的关系，都是磁场不合"，加入名人后变为"林徽因：

让你不舒服的关系,都是磁场不合"。

在标题中加入名人,让他们为我们的标题撑腰,引发读者的打开欲。

二是巧借书籍。

在标题中加入书籍,也是非常好用的方法。

例如"一定要和优秀的人做朋友",加入书籍后变为"读了大仲马的《三个火枪手》,才明白为什么要找优秀的人做朋友"。

例如"没有绝望的处境,只有强大的心境",加入书籍后变为"读《老人与海》有感,没有绝望的处境,只有强大的心境"。

加入书籍,标题显得更有内涵,说服力明显提升。

三是巧借电影。

在标题中加入经典电影,或者当下的热播电影,可以提升丰富度。

例如"永远不要轻易评价一个人",加入电影后变为"电影《保你平安》爆火,我顿悟了永远不要轻易评价一个人"。

例如"人这一生为何要多读书",加入电影后变为"看了《狂飙》我才明白,人这一生为何要读书"。

当我们运用了借势的方法以后,标题整体的质量就会大幅提升。这就好比让自己的标题加入了"优质的圈子",自己的身价也不由自主地被抬高。

※ 巧用热点

借助一些突出时效性的词,如"最新发布""突发重磅""刚刚"等内容,可以体现出较强的新闻性。

例如"一定要树立终身成长的思维",加入热点变为"看了最新的职场分析报告/裁员信息/入职要求等,我才明白终身成长是我们的必选题"。

人人都不想错过最新消息,将具有时效性的词语巧妙地和标题结合起来,能够提高读者打开文章的概率。

※ 巧用故事

用故事性来吸引眼球,用一句话讲述一个故事场景,来吸引读者的注意力,让读者更容易理解文章的主题和内容。

例如"他终于登顶华语乐坛",加入故事变为"他10年打杂,7年跑龙套,首演男主角便登顶华语乐坛"。

人人都喜欢听故事,尤其是逆袭的故事。标题以故事的方式呈现,自然会带来吸引力。

※ 巧用对比

用对比来吸引眼球,制造强烈的反差。

例如"我用这个方法1小时搞定PPT",加入对比变为"别人2天才能完成的PPT,我用这个方法1小时搞定"。

通过对比来突出文章的主题和内容,可以让读者更能感觉到后者的重要性。

※ 巧用秘密

越是秘密,越能激发读者的窥探欲,人人都想知道成事的秘诀,快速超越同龄人。在写标题的时候,我们可以创造秘密,引发人们的好奇心。

例如"她的文章篇篇爆款,值得学习",加入秘密变为"她的文章篇篇10万多浏览量,原来靠这3个秘诀"。

在写文章的时候,你越保密,大家越想看,人人都希望成为极少数人之一,在别人还没有掌握的时候,自己先快人一步。

※ 巧用反差

这种写法,前面夸,后面贬。在表扬的同时,揭露它的小瑕疵,让读者忍不住好奇,且觉得真诚,更容易拉近与读者的距离。

例如"这本被夸爆了的书,你不想看吗?"加入反差变为"这本被夸爆了的书果然好看,虽然书名有点土"。

既要肯定优势,也要指出不足,让读者觉得更加真实,且其中的小反差也会激发读者的好奇心。

※ 巧用免费

利用人们占便宜的心态,在标题中加入免费、省钱、折扣等字眼。读者会觉得不点开，就损失了一笔财富。

例如"10个高清图片网站，再也不用为素材发愁了"，加入"免费"变为"10个免费图片网站，千万不能错过"。

例如"学习大厂经验，掌握'数据驱动运营'精髓"，加入"免费"变为"限时免费|学习大厂经验，掌握'数据驱动运营'精髓"。

例如"5位教授教你晋级成长之路"，加入"免费"变为"免费公开课|5位教授教你晋级成长之路"。

给出极大价值，又是免费的，读者自然觉得不能错过。

※ 巧借弱点

利用人性的弱点来吸引读者的注意，如：懒惰、贪婪、自卑、骄傲、愤怒、妒忌、好奇、恐惧、痛苦等。

例如"如何快速升职加薪"，加入痛点变为"为什么你比所有人都努力，升职加薪却轮不到你？"

例如"快速提升孩子学习力"，加入好奇变为"父母仅用这一招，孩子轻松爱上学习"。

例如"如何学会写标题"，加入惰性变为"快速学会写爆款标题，看这篇文章就够了"。

在成长路上，我们总会遇到不同的问题，在写标题的时候，想想自己遇到的问题，巧妙地结合起来，就能又快又好地写出好标题。

※ 巧借情绪

情绪价值是一种很重要的价值，每个人都需要被鼓励、被尊重、被看见、被安抚、被疗愈。在标题中激活情绪，也能更好地激发读者的阅读欲。

例如："如果你觉得委屈，来看看凌晨3点的街头"；"反省自己，是一个人变好的开始"；"和情绪稳定的人在一起，是一种最高阶养生"；"圈子不同，不必强融"等。

这类标题通过总结一个观点，激活读者的内在认同感，让读者觉得和你的价值观相同。既然是同道中人，当然要看你的文章。

※ 巧用夸张

用夸张的手法给读者高回报，让读者觉得读到就是赚到。付出更少，得到更多，没有人不喜欢。

例如"这 3 种思维模型太好用了"，加入夸张手法变为"学会了这 3 种思维模型，让你 1 年顶 10 年"。

再比如"学会向上社交，让你少走弯路"，加入夸张手法变为"学会这 5 种向上社交的方法，让你少走 10 年弯路"。

虽然大家都知道一篇文章不可能解决人生难题，但是会依旧忍不住去打开看看，抱着一种"万一有用"的心态去探索。

※ 巧借未来

人人都渴望有一个美好未来，因此我们借用对美好未来的向往去写标题。

例如"这 3 种致命错误，一定要改正"，加入未来变为"这 3 种致命错误不改正，你的未来永远不会好"。

例如"这项技能一定要学会"，加入未来变为"未来 5 年，不会这项技能你将面临淘汰"。

这种写法融合了对未来的美好向往和危机意识，让人觉得相当有用，毕竟人人都不希望现在的事情损害到未来发展。

※ 巧用损失

我们可以告诉读者不读这篇文章的损失。这类标题可以先写价值，然后再反过来，变成损失，会加强痛点。

下面举几个例子。

写价值：看了你就会×××。

写损失：不看你就会×××。

写价值：新手写作必看的 3 条建议，让你快速赚到 10 万。

写损失：这 3 条新手写作建议，不看损失 10 万。

人们可以不挣 10 万，但不能损失 10 万。损失厌恶心理是人的一种天性，和得到相比，人们更厌恶失去，人们对损失的敏感度远远高于收益。

标题起得好，等于保住了一大半的阅读量。这 13 种爆款标题技巧，大家可直接套用，也可以组合使用，让你的文章被更多人看见。

026 20 个爆款词汇，提高文章的点击率

在带新手写作时，为了能够帮他们快速上手，我整理了爆款标题的 15 个常用词汇。如果你刚开始不知道怎么下笔，可以借助这些词汇，快速练习写标题，帮你吸引读者的眼球，提高文章的点击率。

揭秘：引发好奇心，揭开某个秘密或不为人知的事实。

绝密：让读者产生兴趣，想要了解内幕信息。

最新：吸引那些追求时事的读者，表明你的内容是最新的。

突破：传达创新和突破性内容，让读者想了解更多。

必读：暗示读者不容错过的重要内容。

震撼：表明内容具有震撼性，引发读者的兴趣。

曝光：传达揭露真相或新信息的意图。

创新：表明内容有新颖的观点或方法。

零基础：承诺内容适用于零基础的读者，引发兴趣。

成功秘诀：承诺分享成功的方法和策略。

实用技巧：强调内容对读者生活的实际帮助。

专家解析：展示专家观点和解读，增加可信度。

不可错过：强调内容的独特和吸引力。

引人深思：传达内容会引发读者的思考和探讨。

精准指南：传达内容是详细和实用的指南，满足读者需求。

轻松掌握：暗示内容会使学习或实践变得轻松。

未来趋势：表达内容会预测未来发展趋势，吸引关注未来的读者。

高效工具：强调内容会介绍高效的工具或方法。

拉开差距：强调内容会提供可以让你快速成长的方法。

永远不要：强调不要犯下某个错误或行为，以避免潜在的问题和后果。

在创作标题时，合理地使用这些词汇，可以增强标题的吸引力，提高文章的点击率，但要确保标题与实际内容相符，避免夸大宣传。同时，不要

依赖这些词汇，要在练习的过程中学会更好的创作形式。

写作方法不在于多，而在于好用，更在于不断地实战练习。

正如李小龙的那句"我不怕练一万招的人，只怕把一招练一万遍的人！"

很多人知道很多方法论，但是一直没有办法提升写作水平，其实就是缺乏练习，赶紧动笔写起来吧。

——写作小贴士——

13种技巧，轻松写出爆款标题。
- ☐ 巧用数字
- ☐ 巧妙借势
- ☐ 巧用热点
- ☐ 巧用故事
- ☐ 巧用对比
- ☐ 巧用秘密
- ☐ 巧用反差
- ☐ 巧用免费
- ☐ 巧借弱点
- ☐ 巧借情绪
- ☐ 巧用夸张
- ☐ 巧借未来
- ☐ 巧用损失

——课后作业——

01. 为你的文章写5个标题，并说明使用了哪个方法？（可以组合使用多种方法）

02. 从5个标题中，挑选你最满意的一个，作为文章的最终标题。

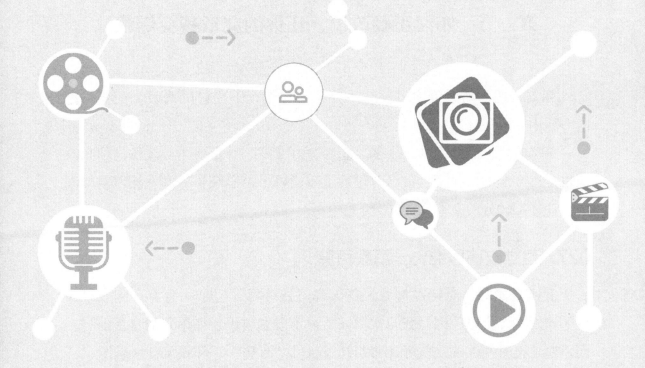

第三章

从成文到爆款,必备的 7 步打磨法

第一节　如何正确改稿，让你的文章秒变爆款

列夫·托尔斯泰曾说过："不要急于写作，不要讨厌修改，而要是把同一篇内容改写10遍、20遍。"

99%的好作品都是修改出来，想要写好文章，一定要耐心改稿。但是改稿也是有方法的，我结合自己改过的上千篇稿子，总结了一套快速改稿的方法，让你把60分的文章变成90分。

027　建立改稿思维，一篇胜百篇

我刚开始写作时特别努力，每天都坚持练习，但是一直看不到成果，后来才发现，主要原因是我每次写完后总不愿意改稿。如果只懂盲目地写，而不愿意花时间改稿，就好比明明知道自己"有病"，却偏偏讳疾忌医。

意识到问题之后，我围绕一篇文章改了20多遍，经过比对，我发现终稿和初稿完全不一样了，这种感觉特别神奇。

下面是我当初改稿时的图片。

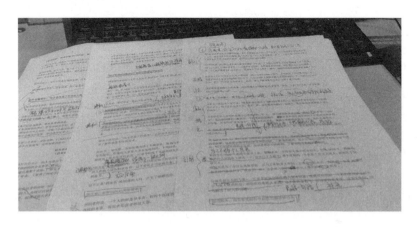

为了方便修改，我将初稿打印出来逐字逐句修改，很快初稿就被改得面目全非，因为担心看不清，我就用不同颜色的笔做好标记。

我惊讶地发现，当我把初稿改了20多遍后，文章质量迅速提升，并开

始不断写出爆款文。因为改稿可以让我不断地修正误区，总结经验，并将其运用到下一篇文章。

这就是所谓的"一道通百道"。只要学会了底层逻辑，就可以无限迁移，做到事半功倍。

辛苦修改一篇，收获的是无数篇好文章，这种投资非常划算。

同时，改稿带给我的另外一个惊喜是快速提升思考力。针对一个观点反复琢磨，不断激活我的思考能力。为了写出爆款，也促使我学会了如何更好地与结合市场、满足用户需求、懂得换位思考等，打破了我过去单一的思维。

改稿的过程会非常痛苦，但伴随而来的是倍速成长。想要写好爆款文章，拼的不是码字的数量，而是改稿的质量。

强烈建议大家在一开始写作时，就养成改稿的好习惯，并保留自己的初稿，等成稿以后，回头对比初稿和成稿之间的差异。在这种强烈对比下，你能快速看到自己的误区，并看到自己的进步。

028 打破改稿误区，改出好灵感

很多人改稿存在误区，习惯性地按从头到尾的顺序修改，乍一听好像没错，但经过实战练习后，我发现这种改稿模式其实并不好。大部分情况下，会越改越纠结，甚至把自己改崩溃，进入自我怀疑中。

正确的模式应该是：先从大处着眼，再从细节入手。

这样的改稿方式，会让你越改越上瘾，越改越有思路。这套改稿思路学会了，能让你写出爆款的能力倍速提升。

029 6个步骤，快速改出爆款文章

※ 第一步：写完再改

写完再改，是改稿的重中之重。

通过观察，我发现很多人还没有写完就开始改了。边写边改是大忌，只会越改越纠结，甚至永远无法完成。

一定要谨记：不要管初稿的好坏，先完成再完善。

第一遍，我们可以随心所欲地写，先把脑海中盘旋的想法写出来。起步的意识流非常重要，要一鼓作气完成，一旦中断了，就不想再写了，更别谈改稿了。

我看过很多不听劝的人，边写边改，最后的结果是永远写不完。因为我们越改发现需要修正的点越多，反反复复回头改，就像是在一条路上不断徘徊，无法前进。这种情况会导致心理压力过大。同时，随着不断地改稿，后面的思路和前面的思路可能完全不一样了，又想重新写选题，本来很好的选题，最后反而被写废了，十分可惜。

再强调一遍：不要边写边改。

※ 第二步：改框架

前面提到需要提前搭设好框架，为什么现在又要改框架呢？

在改过上千篇稿子后，我发现大部分人刚开始搭设的框架只是一个雏形，随着文章完成度越高，思路就会越清晰，才会发现自己的框架有问题。这就好比一套衣服只有穿到身上，才知道哪里不合适。

改框架依旧要遵循一个修改原则：先改大方向，再改小细节。

① 改维度：检查文章分论点是否能支撑总观点。

写完以后，你要回头检查发散的维度，看看是不是还在核心论点上。如果偏了，赶紧拉回来。

比如，A曾经写过一篇文章《通过微习惯，让自我改变不再难》。第一部分写了什么是微习惯；第二部分解释为什么微习惯可以让我们轻松改变；第三部分是我们如何养成微习惯；最后落脚点为人人都可以通过微习惯改变自己。

本来观点很清晰，结构也很恰当。

但是在写第二部分内容的过程中，引用了一个案例："1908年到2003年，英国自行车队只得过一枚奥运会金牌，但是2003年，他们请了一个新教练，教练只提了一个要求，自行车训练的每一个环节都要比之前提高1%。比如：重新设计自行车座，使其更舒适；改用酒精擦涂车胎，以获得更好的抓力；用最合适的枕头和床垫睡觉等。这些看起来与训练没有任何关系，但却让他们在5年之后的北京奥运会上夺取了该项目60%的金牌。而且在四年之后的赛场，他们又取得了更大的成绩。"

这个案例本身没有什么问题，但内容描述的不是改变自己，而是改变外物，和总论点"微习惯"的主题不符，无法有效支撑总论点，即便写得再好，也不能用。

② 改深度：检查分论点是否可以进一步深化。

大多数时候，我们写一篇文章，在刚开始都比较浅。写完以后，要一层层进化，一层层加强深度，否则就会很像流水账，内容空洞。

比如，当你看到一则新闻的时候，感到愤怒，把愤怒情绪描述完后，可以反问自己愤怒的背后是什么？是对公平和正义的追求？还是被对方的霸道激怒？对背后的原因挖掘，写出来的文章就会更加深刻，给读者带来启发。（下一节有专门的内容讲如何将文章改得有深度，这里不再详细展开。）

有深度的文章会激发读者的转发欲，因为转发的文章代表了个人品位，人都是要面子的，所以越有深度的文章越能够激发读者的自我标榜感和转发欲，带来更多流量。

③ 改顺序：调整每个小框架的顺序，按照重要程度和逻辑顺序重新排序。

很多时候，调整一下一篇文章的顺序，它的质感就完全不一样了。

什么是重要程度排序？把文章中最击中人心的部分放在最前面。如果前面的内容不能够抓住读者的注意力，那么后面的内容读者也不会看了。

比如，C曾写过一篇文章《跟着牛人学向上社交》。开头先指出痛点，描写我们在现实生活中因为不会向上社交导致的各种问题，然后再点出很多人想链接某领域的牛人却无从下手，最后给出方法论。这样的顺序安排就比较合理。

但是顺序一换，效果就不同了。

这篇文章如果把方法论排在第一位，读者就会无法代入到自己痛点，觉得和自己无关，也就不会看下去了。

那么，应该怎么修改逻辑顺序呢？

第一种是按照先后发展顺序修改。有的文章必须是前后一致，如果逻辑混乱读者就会看不懂。比如时间发展顺序、故事情节推进等。这种需要按照先后发展顺序来一步步推进，逻辑会更加强清晰。

第二种是按照同类归类法进行修改。例如，我曾经改过一篇名为《真正的靠谱，是做一个稳定的人》的文章，主要内容分为3部分：情绪稳定、人品稳定、能力稳定。

本来框架很清晰，但是作者在写作的过程中，突然想到了《靠谱》一书中的话："首先是要了解自己在工作能力上的真实水平，明确你的主打技能，再不断努力强化它。另一个是注意你要承诺的对象是工作结果，而不是承诺你的努力。"后面接的内容是："因此，在职场中，大家关注的是结果，而不是过程。所以稳定地交付结果，才是人品靠谱的最终表现。"

他把这些内容写进"人品稳定"的部分，在完稿并通篇阅读后，发现这一部分更适合放在"能力稳定"部分，于是对文章进行了调整。

这种现象并不是个例，我在改稿的过程中经常看到很多人会不经意间将部分内容放错位置，尤其是概念相似的内容，很容易随着意识流，想到哪写到哪。因此我们一定要检查是不是把内容A放在了B段落。若不小心放错了地方，要快速调整，让文章变得更有逻辑、有条理，读者读起来也会觉得内容更加清晰。

※ 第三步，改内容

① 改素材。

一篇好文章，很多时候不是观点不够新，而是素材不够新。

在这个内容爆炸的时代，我们看过的很多观点都是重复的。要想写出新鲜感，就一定要有新颖的素材做支撑。

写完文章以后，要检查素材是不是经常重复看到的。如果你自己都看过很多遍，读者也会觉得腻，为什么要浪费时间再看一遍呢？

例如，小时候我们都听过《小马过河》的故事，它告诉我们：每个人的情况不同，别人的经验不一定适合自己，遇事要动脑思考，多尝试。

这个观点永远不会过时。但是，如果我们一直讲这个故事，读者就会觉得乏味；相反，如果我们更换素材，讲讲自己生活中接地气的经历，或者讲一些名人的故事，把观点进行包装，就能把道理再次传递出来。

比如，文章《一个人最大的愚蠢：用别人的脑子，思考自己的人生》，传达的观点就是《小马过河》教给我们的道理，但是运用的素材改变了，能够带动读者不断地看下去。下面我摘取其中的重点内容来作为例子。

文中先写了名人故事。

人称诗书画"三绝"的郑板桥，从小酷爱书法。他临摹各书法大家的笔体，几乎可以做到以假乱真，但是并没有得到时人的认可，郑板桥很不解。

一天晚上，他和妻子在院子里乘凉。他的手不自觉地在妻子腿上写起字来。妻子生气地说道："你有你的体，我有我的体，你为什么不写自己的，而去写别人的？"

郑板桥恍然大悟，为什么要仿别人的字，不写自己的字体呢？后来，他自创了"乱石铺街体"，终成一代大家。

紧接着，作者写了一段生活中的小例子。

南川大叔说过一个故事。

他有个表哥，找对象一直很不顺利。第一次，带回家的姑娘是个清纯可爱的幼儿园老师。女孩走后，长辈开始发表看法："属羊的人命不好，和你八字不合。"

于是，表哥和这个女孩分手了。

第二次他又领了个女孩回家。这个女孩身材高挑、相貌出众，而且还是一家店的店长，原以为他们会很满意，没想到长辈们还是挑刺："这女孩一看就心机重，你驾驭不了她。"

于是，表哥又狠心和这个女孩分开了，女孩一气之下跟他大吵一架，把他拉黑了。

第三次，他表哥又带了一个女孩回家，这个女孩温柔贤惠，做得一手好饭。她走后，长辈们嫌弃女孩没有一个稳定工作："就是吃闲饭的。"

现在，表哥快40岁了，依旧单身。

以此引出最后的观点：只知道听别人建议的人，注定无法掌控自己的人生。人最大的愚蠢，就是用别人的脑子，思考自己的人生。

道理还是那个道理，但是一旦更换素材，用新瓶装旧酒，就会秒变爆款。

② 删除无关信息。

删除无关信息至关重要，很多人往往在看到一个非常好的句子或者非常好的素材后，就会将其写进文章中。

例如：有个学员曾经写过一篇文章《看完〈交换人生〉才明白，人这一生，家最珍贵》。文章的大意是：18岁的小谷，在弄堂里长大，看不起父辈的渺小理想，幻想着自己有才多金，追到喜欢的女神。因一次车祸，和有钱律师，也是女神准男友仲达，交换了6天人生。一番折腾之后，小谷发现，原来有家人在，就很幸福。而别人光鲜亮丽的背后，却是千疮百孔。

最后引出观点：不要羡慕别人的家庭，自己的家才是最好的。一味地羡慕别人，无异于亲手摧毁了自己的幸福。

但是在写的时候，她突然想到了阿德勒的名言："幸运的人一生都被童年治愈，不幸的人一生都在治愈童年。"顺手就写进文章中，并沿着这个思路写了一段关于不幸童年的故事。

这一部分单独来看虽好，但忽略了这个素材和文章的主题无关，再好的素材和句子，若和主题无关，都是多余的，要果断删除。

一篇文章的好坏不是某一句话好，或者某一段话好，而是要整体好。

经过修改后，她把引用阿德勒的金句换成了画家几米的句子："其实每个人都是幸福的。只是，你的幸福，常常在别人的眼里。"并围绕这个点来描写故事。最后，文章上稿大号，并被多次转载，达到20多万的阅读量。

大面修改以后，要逐字逐句通读文章，删除多余和重复的句子。现在是信息爆炸的时代，人们没有耐心看重复和啰嗦的句子。

正如老舍先生所说："多改多念。文章必须简练经济，不要以多为胜。一句话说到家，比十句八句还更顶事，不着边际的话一概要删去。"

※ 第四步：改开头和结尾

一般情况下，要把开头和结尾放在一起改。这样更容易首尾呼应，提高阅读愉悦感。

开头要用到前面讲到的痛点、热点等。尤其要注意借用热点，因为热点代表了流量，大部分人都想知道当下发生了哪些大事。

注意，我们并不是为了热点而写热点，而是借用热点作为引子，引出我们想表达的观点。

最后是改结尾，结尾要看着开头写，呼应开头，总结观点，最后再引用金句。遵循"峰终定律"，提升阅读体验，引起读者的转发欲。

注意，结尾不要再延伸了，一定要见好就收。

※ 第五步：改大标题和小标题

最后一步才是改标题。我们在看书的时候，可能会因为某个小标题写得比较好，或者符合你目前的需求，就先跳过其他章节，直接去看那一章。

写文章也一样，它就像缩小版的书籍，而小标题就像提纲，因此，我们在写标题的时候，要把大标题和小标题单独拿出来改。

改标题这个方法前面我们已经讲了很多，可以直接拿来套用。

注意：大标题和小标题要放在一起改，这样会更加清晰，还要注意标题是放在最后改的，而不是一上来先纠结标题怎么改。

※ 第六步：全文通读

叶圣陶先生曾说："改稿子不要光是看，要念。就是把全篇稿子放到口头说说看。也可以不出声念，只在心中默默地说。一路念下去，疏忽的地方自然会发现。"

很多时候，我们只有通过读文章，才能发现文章的语句是否通顺，表述是否清楚，用词是否准确。

利用以上6步改稿法来修改文章，你的文章一定不会差。

很多人写不好文章，不是文笔差，也不是没有天赋，而是缺乏改稿的耐心，凡事抱着差不多的心态，永远写不出好文章。

雷军在《小米创业思考》中分享过一段话："这些年来，我跟很多做出过精彩、伟大产品的团队交流过，尽管行业千差万别、个性各有不同，但都有一个相同的特征：了不起的极致产品不是只靠一个天才的想法、一个突然出现的灵感就能做出来的,而是要经历长期痛不欲生的修改,一点一点打磨出来的。"

他说:"不断地修改和打磨对小米团队而言已经成为一种习惯,不到最后一刻,绝不停止思考和打磨。"

其实,写作也是在打磨一款产品,底层逻辑是一样的:改改、改改再改改,是一条没有止境的路,也是制胜的法宝!

———— 写作小贴士 ————

☐ 第一步:写出来。但不能边写边改。
☐ 第二步:改框架。①改维度,②改深度,③改顺序。
☐ 第三步:改内容。①改素材,②删除无关信息,③增加有关信息。
☐ 第四步:改开头和结尾。开头和结尾一起改。
☐ 第五步:改大标题和小标题。单独拿出来一起改。
☐ 第六步:全文通读。

———— 课后作业 ————

将你写的文章,按照以上改稿方法进行修改。

第二节　如何增强深度，让读者忍不住点赞

我们时常可以看到一些优秀的文章，它们有深度、有思想，或刷新认知、或引发思考，令人受益匪浅。

相较之下，等到自己写作的时候，感觉很像流水账，没有深度，内容空洞，因此感到非常苦恼。

如何才能写出有深度的文章呢？

说一句很扎心的实话：你的文章没有深度，大多数原因是你的思想没有深度。

自改稿以来，很多人都有这方面的苦恼，想要解决写作深度的问题并不难，将下面讲到的方法用好了，不仅能够帮助你写出有深度的好文章，还能帮助你增强深度思考的能力。

030　写有深度的文章，开启高速成长之路

写文章最大的好处是能引发我们的思考。通过写作的过程，你可以挖掘自己内心深处的感受，理顺朦胧不清的情绪。

要想成为写作高手，我们不能轻易忽略任何情绪，而是要审视它们的来源和意义。审视自我情绪不仅可以为写作提供素材，更是了解自己的绝佳机会，从而加速成长。

比如，当你看到一则新闻时，你可以这样自问："其中哪一部分打动了我？""为何触动了我？""背后反映了怎样的社会现象？""为何出现这种情况？""如果置身其中，我会做何反应？"而不仅仅是匆匆浏览而已。

经过一轮这样的自我提问，会引导你深入探索。在此过程中，你会不知不觉产生写作的灵感，也会发现自己曾有的想法只是一堆情绪的碰撞，而非真正的思考。

写作的过程就是强迫我们思考，让我们的大脑逐渐清晰起来的过程。

因此，从开始写深度文章起，你已经开启了高速成长之路。

031 4种方法，快速写出有深度的文章

那么，如何写出有深度的文章呢？以下4种方法，用起来有立竿见影的效果。

※ 方法一：五问法

写作时，你可以通过"五问法"法进行自我提问。

所谓"五问法"，就是对一个点连续以5个"为什么"来自问，以追究其根本原因。如古话所言："打破砂锅问到底。""五问法"鼓励解决问题的我们，努力避开主观或自负的假设和逻辑陷阱，从结果着手，沿着因果关系链条，顺藤摸瓜，直至找出原有问题出现的根本原因。

这里所说的5个"为什么"，并不一定是5个问题，有可能是7个问题，也有可能是3个问题，需要我们根据实际情况具体分析，直到追问到没有意义为止，目的是让我们发现表象下的真相。

这种方法最初是由丰田佐吉提出的。后来，丰田汽车在发展完善其制造方法学的过程中也采用了这一方法。

丰田汽车公司前副社长大野耐一曾利用这一方法找出了停机的真正原因。

问题一：为什么机器停了？

答案一：因为机器超载，保险丝烧断了。

问题二：为什么机器会超载？

答案二：因为轴承的润滑不足。

问题三：为什么轴承的润滑会不足？

答案三：因为润滑泵失灵了。

问题四：为什么润滑泵会失灵？

答案四：因为它的轮轴有耗损。

问题五：为什么润滑泵的轮轴会耗损？

答案五：因为里面有杂质。

经过连续5次不停地问"为什么",才找到问题的真正原因和解决的方法,在润滑泵上加装滤网。

如果员工没有以这种追根究底的精神来发掘问题,他们很可能只是换根保险丝草草了事,真正的问题还是没有解决。

那么,如何将这个方法迁移到写作中呢?

举个例子,大部分人看完电影之后,只会评价"很好看""还不错",但这种评价,不会对读者产生什么影响。

这个时候我们可以用"五问法"来写作。

问题一:在看电影的过程中你有哪些变化?

答案一:我看到一半时,手心都出汗了。

问题二:为什么看一部电影手心会出汗呢?

答案二:情节安排很紧张。

问题三:你觉得情节是如何设计的,导致你很紧张?

答案三:节奏紧凑,很有代入感……结尾让人意料不到。

问题四:那么,这部电影最打动你的是情节吗?

答案四:不是,主要是立意深刻,会有对人性的思考,反映了一种社会现象。

问题五:反映了什么现象呢?让你这么强烈地想要推荐这部电影?

答案五:反映了一种……现象。

这个时候,你的评论就会从"真的好看""超级好看"这种状态中跳出来。

变成了:"很好看,情节很紧张,我看到一半时手心都出汗了,结尾让人意料不到,场面虽然没有大片那么震撼,但是很符合这种情节的设计,立意深刻,尤其是……的情节,反映了一种……现象,让我对人性多了一份思考。"

这样的叙述就会让人明白你为什么觉得电影好,也会通过你的叙述来判断是不是要去看这部电影。

这个过程就是在挖掘一件事背后的原因。通过不断地提问,和自己对话,开启你的思考和写作。

刚开始，我们可以通过挖掘自己情绪背后的原因来练习。因为人的感情十分复杂，有时候我们会莫名其妙地开心和失落，连自己都不知道是为什么。但这恰好是练习思考和写作的好机会。

当我们头脑中出现"不知为何""奇怪""不可思议"的情绪时，就要提醒自己，练习的机会来了。挖掘这些情绪产生的原因，不仅可以收集写作素材，还可以更清晰地审视自己的内心。

举个例子。

问题一：我为什么喜欢帮助别人呢？

答案一：因为我喜欢看到别人的笑脸，喜欢别人对自己说谢谢。

问题二：我为什么希望看到别人的笑脸呢？

答案二：因为我希望给别人留下好印象。

问题三：我为什么希望给别人留下好印象呢？

答案三：因为我希望通过别人的肯定使自己更自信。

人的感情是非常难以捉摸的，可能不仅仅是因为希望别人肯定自己才去帮助别人，这只是原因之一。但就是因为难以捉摸，自我审视才更加有意义。能探索到真正原因的人，就会写出深刻、有趣、值得阅读的文章。

※ 方法二：多维视角法

对于一件事情，如果能够从不同的角度进行思考，你可能会得出不同的结果。

因此，写作之前进行不同维度的思考，也非常有助于提升文章的深度。

那么，都可以从哪些角度去思考呢？

比如，看到一则新闻，你可以这样切换思考。

➢ 正面、反面、侧面。

➢ 老板的视角、员工的视角、客户的视角。

➢ 男人的视角、女人的视角、孩子的视角。

➢ 经济学角度、哲学角度、心理学角度等。

多角度思考可以让文章变得立体，而不会过于平面化。思考有哪些影响结果的因素，一个个去分析、思考，能够让你的文章更有深度和广度。

例如，在"瘦"成为主流审美之后，很多人都在写关于减肥的文章。如果想把有关减肥的内容写得深刻，就不能只写减重的部分。体重只是减肥的其中一个视角，除此之外，还可以从健康、美容、生理结构、心理学等更多个视角来写。随着视角的增加，对事物的看法也可能随之改变。

写作的时候尽量避免大家都在写的角度，避免老调常谈，陈词滥调。可以思考对于这件事情一般情况下作者都会如何进行立意，你可以选一个不一样的角度切入。

※ 方法三：价值发散法

价值发散法，即围绕一件事情/物品，对它的价值进行解读，从而得出不同的结论。

比如，一提到毛巾，大部分人想到的是擦脸，但是，它的价值和功能绝不仅限于此，冷的时候还可以将它当作围巾，甚至可以当作头巾。这个时候它的用途就发生了变化。你围绕着这个思路来展开，就会想到很多观点，不再局限于狭窄的思维中。

可见，事情的结果，不是"只看见1，结果就是1"，而是"看见了1~10，而结论还是1"。不断去挖掘价值，可以更加充分地证明结论，让读者更信服你。同时，增加了文章的深度与广度。

※ 方法四：逆向思维法

我非常喜欢看辩论赛，于是，从中提炼了一个思考法则：写作前，先和自己来一场辩论赛。

我以前觉得自己是一个很执拗的人，对于认准的观点不会轻易改变。但是在看辩论的过程当中，我一会儿被正方带跑，一会儿又会被反方带跑。

我开始怀疑自己是不是一个缺乏主见的人。后来，我才逐渐明白，很多事情都没有绝对的黑与白，往往具有两面性，且大多数时候处于灰色地带。

因此，观察事物，我们不能一味地陷入己方。我在写作的过程当中，会经常思考，这个观点的对立面是什么。

我发现这个方法非常有效，对写作和思考都很有帮助。逆向思考的过程，是在不断地剥离自己，思考自己曾经一直没有想过的观点。

比如，历史上的一个故事"司马光砸缸"，有人落水后，常规的思维模式是"救人离水"，聚焦在"人"身上，然而司马光发现自己力量有限，无法救人。

面对紧急险情，他运用了逆向思维，把目标放在了"水"上，果断地用石头把缸砸破。从"救人离水"到"让水离人"，救了小伙伴的性命。

当我们写文章的时候，也可以经常这样反过来思考，会大大提升文章的新颖度。

通过以上4个方法，你的文章一定会焕然一新，并展示出你深刻的见解和思考能力。当这项训练成为习惯之后，你会将这个世界看得更加清晰，更能深切地感受到这个世界的色彩、声音、味道、形状，也就是拥有了那双"能发现美的眼睛"，让你发现世界的与众不同与美好。

记住：对一篇文章来说，思想往往比写作技巧更重要。

——写作小贴士——

要想写出有深度的文章，可以使用以下方法。
- ☐ 五问法
- ☐ 多维视角法
- ☐ 价值发散法
- ☐ 逆向思维法

——课后作业——

拿出自己曾经写过的一篇文章，运用其中的一种方法，将文章改得更加有深度。

第三节　如何提升逻辑，增强文章的说服力

许多人脑海中满是思绪，然而一旦开始写作，却发现文章前言后语不搭，毫无条理，甚至偏离主题。为什么会陷入这种困境呢？

有人认为主要问题在于没有列大纲。但据我观察，很多人即便制定了大纲，写出的内容仍然杂乱无章。这种问题的根本原因在于逻辑思维能力较弱。

逻辑思维是每个人都应具备的关键技能，不仅在写作中体现，也贯穿生活的各个方面。

在我长期的写作实践中，有4个技巧对我帮助巨大，同时也帮助很多人解决了写作逻辑的问题。这4个技巧极具操作性，可以帮助你理清观点，写出具有说服力的文章。

032　4招秘籍，助你打造逻辑严密的文章

※ 方法一：分类整理，理清思路

我们在平时思考和说话时，大脑是没有分类整理习惯的，往往是想到什么就说什么，导致写作时使文章显得杂乱无章。从现在开始，要树立一个意识：学会分类整理。

若不对知识进行分类，知识就像被抛弃的孤儿，漂泊在世间，无法找到归宿。若不对素材分类，待到写作时，会发现大脑中一片混乱，无法将其组织成有条理的文字。

什么是分类整理？简单来说，就是将大量的信息和观点进行归类和组织，使文章的结构更加清晰，表述更加准确。

所谓逻辑，就是让大脑中的内容从一片混乱变得井然有序。

例如，有个学员在撰写一篇关于旅游的文章时，刚开始写景色优美，突然穿插了当地美食，一会又回到了景色优美，结尾又总结了美食。

这就会导致文章内容很跳跃，读者正沉浸在美景的想象中，突然被打断开始写美食，导致读者无法理解作者想要传达的核心信息，阅读体验感很不好。

后面我对文章做了修改，让他按照地理位置来划分，然后在文章中分别介绍每个地理位置的美景和美食，读者就能更好地理解每个景点的特点和价值了。

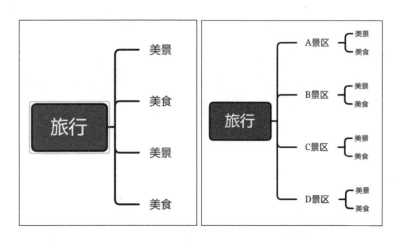

（对比图）

原文很明显是想到什么写什么，缺乏逻辑，经过分类整理后，逻辑感马上提升。

分类整理是提升写作逻辑的重要方法。只有思维清晰，才能写出更有深度和让人产生共鸣的好文章，让读者更好地理解和接受我们的观点。

※ 方法二：去除杂质，提升纯度

很多人写文章时喜欢"面面俱到"，反而导致文章的逻辑感减弱。

以本书开头提到的发微信为例。在这里做一个详细的拆解，你就能够瞬间明白，如何得体地写信息、写文章。

有个学员曾给我发了一段私信，内容如下。

原文："我今天发烧了，体温39℃，然后去医院看病了，结果人太多，排队等了好久，也没顾得上吃午饭，下午回到宿舍太累了，吃了点东西，躺了会儿，没想到一下睡过了，到现在整个人还是晕乎乎的，导致文章拖到现在都还没写，我刚刚想打开电脑，但是，因为身体还是不舒服，导致我现在一看电脑就头疼，今天的作业能不能先不交？"

这就是典型的"面面俱到",说了太多的中间环节,以至于读者无法快速了解重点信息。

修改后变为:"我今天遇到特殊情况,烧到39℃,需要早点休息。导致无法按时完成作业,我明天再交作业可以吗?"

修改后的版本,把中间的所有环节全部省去了,并不影响阅读效果,且让读者很快明白你要表达的重点。

如果逻辑思维能力太差的话,不仅会影响到你写文章,而且还会影响你跟别人的沟通以及信息的传递。

为什么会出现这样的问题呢?其实就是这条逻辑线里面掺杂了很多杂质,以至于你找不着文章的重点。

平时在写作时,一定要删除与文章无关的内容。

在改稿的过程中,我发现很多人都存在这个问题,整个文章可以说是长篇大论,却没有重点。

例如,我之前给一个学员改过一篇文章《废掉一个人最好的方式:让他做喜欢的事》。

但是她的第一部分写了"警惕幸存者偏差",这一部分和文章的主题关系不大,就应当全部删除。否则,只会增加干扰,让读者无法有效读取重点信息。

> 01. 喜欢要警惕幸存者偏差
>
> 《法治日报》的记者曾经采访一位中学生,问他们喜欢什么?
>
> 得到一个很扎心的答案:"那些网红,没读过什么书,但受人喜欢,赚的钱是大学毕业生的几十倍,甚至几百倍,我现在也学着拍视频做直播,以后肯定比读书强得多。"
>
> ~~另一份调查报告显示:在未成年人群中,有65.6%的人使用过短视频,其中有20%的人"几乎总是"在看短视频。~~
>
> 他们~~只~~看到那些~~已经成名赚钱的~~名人,即便没有很高的学历也赚得盆满钵满,生活体面。
>
> 可关键在于,~~你看到的光鲜生活,你喜欢的赚钱方式,~~能够展现在大众视野里的名人,不过是大浪淘沙后的"幸存者",那些失败者早已隐匿在竞争的洪流下。
>
> ~~经常会在网上看到这样的问题:是不是现在大多数人都已经月薪过万?~~
>
> ~~为什么会有这种感觉?~~
>
> ~~是因为,那些掌握社交媒体话语权的人,都月薪过万了。~~
>
> ~~社交媒体上的内容,从发布到呈现在你面前,经过了层层筛选,这类内容,文字行云流水,意味深远,视频清晰流畅,信息量大。~~
>
> ~~能做出这种内容的人,能力自然不会低,所以他们月薪过万,并不奇怪。~~
>
> ~~不仅如此,他们圈子里的人,也大都是这样的水平,所以对他们来说月薪过万稀松平常。~~

写文章，并不是说得越多，表达就越清楚，越有说服力。其实，我们只需描述和主题最贴切的重点内容，这才算逻辑清晰。

好的表达是简洁、清晰地说出重点，减少杂质，节约彼此的时间成本和理解成本。

※ 方法三：增加信息，强化逻辑

还有一种现象，和上述情况恰好相反。是写得太少，漏掉关键信息。

这种情况称为过度推论。也就是说，在描述一件事情的过程中，我们时常因为自己对其非常清楚，就直接在大脑中默认其他人也清楚，从而直接省略解释的部分。这就会导致我们从第1步直接跳到第3步，省略了第2步，忽略了关键信息。

比如，前面举例了发信息的内容变成了："我今天一看电脑就头疼，不能写了，想跟老师请个假。"

在这个例子中，作者省略了一个重要信息，即"生病导致头疼"，从而给对方一种他只是不想写作业的错觉。在职场上，这样的请假信息可能会引起误会，给他人留下不负责任的印象，所以不该省略的内容一定不能省。

为了避免出现这种问题，我们在写作的过程中一定要仔细思考两个关键信息：哪些信息是主要信息？导致这些主要信息的原因是什么？以此来帮自己梳理思路，合情合理地推论出主要结论，确保文章内容清晰准确，不产生歧义。

※ 方法四：调整顺序，消除杂乱

造成一篇文章逻辑不清晰的第4个常见原因：排列顺序出现问题，信息杂乱，读完后让人感到困惑不解。

举个例子。现在来看一组数字：789654132，再来看另外一串数字：123456789。

你会记住哪串数字呢？后者对数字从小到大进行了排序，人们就会更容易记住。

写作也是同样的道理，在改稿的过程中，我发现很多新手写作痛苦的原因并不是没有素材，而是素材太多，很难理出一条清晰的逻辑线来。

比如，很多人在写人物稿的时候，越写越乱，我一般都会给一条建议，即按照时间顺序去梳理，立刻就能解决这个问题。

一篇优秀的文章应该有清晰的逻辑结构，使读者能够轻松理解并记住其中的内容。为了实现这一目标，我梳理了常见的5种逻辑排序方法。

> 按重要程度排序：从重点信息到次要信息依次说明。这样，读者可以首先了解文章的核心内容，然后逐步了解相关细节。

> 按因果关系排序：先抛出结果，然后一步一步往前推。通过明确因果关系，读者可以更好地理解事物之间的关联。

> 按结构关系排序：由内到外，由上到下，由低到高。这种排列方式使文章的组织结构清晰，读者可以按部就班地理解内容。

> 按时间顺序排序：第1天，第2天，第3天……通过时间的推移，读者可以了解事件的发展和演变。

> 按推进步骤排序：第1步，第2步，第3步，第4步……这种方法使读者能够跟随作者的思路，了解实现一个过程的步骤。

通过运用这些逻辑排序方法，可以迅速地提升文章的逻辑感，帮你把一篇毫无逻辑的文章变得更加通顺，更有说服力。

033　3种写作习惯，帮你养成有逻辑的输出

除了以上方法，在平时写作过程中，我们还要有意识地养成好习惯。

※ 习惯一：一次只说一件事

文章逻辑不清的原因往往是想表达的事情太多。在写作前，给自己设定一个小要求，只讲一件事，不加入其他内容。

举个例子。假如你要写一本书的读后感，但是突然想到了读书的方法，于是把读书方法穿插了进去，文章就会显得很乱。要么只写读后感，要么只讲读书的方法，不要将两者混淆在一起。

在写作的时候，可以在旁边放一张纸，有其他想法的时候，直接把内容写到另外一张纸上，随时抓取灵感，又不会让其掺杂到正文中。

※ 习惯二：先搭框架，再填内容

写作之所以内容杂乱，是因为想到什么写什么，任由自己的思维发散。

写作前一定要先搭设好框架，避免思绪乱跑。设定好框架后，再按照"一次只说一件事"的方法填充内容，就不会杂乱无章。

比如，写一本书的读后感，先写出书籍名称，列出3个启发点，然后逐个点进行填充，思路就会变得很清晰，写作效率也会提升。

※ 习惯三：先写事件，再写感受

在讲完一件事情之后再描写感受，会更有逻辑感。还没有描写清楚事情，就立刻去写感受，这会使文章内容混乱，甚至作者也会越写越没思路。

举个例子。要写关于户外徒步的文章，作者不自觉地在描述徒步过程时插入对景色的评价，就会导致文章节奏紊乱。

穿插描写："我们在徒步的过程中，穿越了茂密的森林，山间的风景真是太美了。哎呀，说到风景，我还要说一下，那个瀑布真的是太壮观了！它的水流声像是大自然的音乐，我简直被这美景震撼到了。我们继续前行，走过一片开阔的草原，草地上的花朵五颜六色，简直是一幅画卷。走累了，我们在一个湖边休息，湖水清澈见底，我真是第一次见到这么美的湖水。"

在上述文案中，就是在描述徒步过程的同时不断插入对景色的评论，导致文章节奏不流畅，读者容易产生迷茫感。

先写事件，再写感受，文章就变成了："我们在徒步的过程中，穿越了茂密的森林，紧接着出现一片开阔的草原，草地上的花朵五颜六色，简直是一幅画卷。途中累了，便在一个湖边休息，湖水清澈见底，我真是第一次见到这么美的湖水。"（描述事件）"在回家的路上，我回想起徒步的这段经历，内心充满了感慨……"（描写感受）

先完整地描述了徒步的经历，然后表达自己的感受，让文章逻辑更加清晰，读者能够更好地理解。

培养以上3种写作习惯，你的文章将更有条理，读者能够更容易理解你的观点，你的文笔也会更加流畅。

逻辑力和说服力犹如一对默契的双胞胎。当逻辑感增强时，文章的说服力也随之提升；若逻辑不清晰，文章往往会缺乏说服力。

　　逻辑和说服力是写作的核心要素，它们直接影响着读者对文章的理解和接受程度。幸运的是，逻辑和说服力并非每个人固有的天赋，而是可以通过学习和实践不断提升的。相信通过以上方法，你也能够轻松写出充满逻辑的文章。

---- 写作小贴士 ----

一、4大技巧，帮你写出有逻辑的文章。
- ☐ 分类整理，理清思路
- ☐ 去除杂质，提升纯度
- ☐ 增加信息，强化逻辑
- ☐ 调整顺序，消除杂乱

二、3种写作习惯，帮你养成有逻辑地输出。
- ☐ 一次只说一件事
- ☐ 先搭框架，再填内容
- ☐ 先写事件，再写感受

---- 课后作业 ----

检查自己写的文章，按照4大技巧进行修改。

第四节　如何写好故事，让文章深入人心

人人都爱听故事。从古至今，故事一直伴随着人类的成长与进步。

《小马过河》的故事教会了我们不能轻信他人，要勇于探索未知。《狼来了》的寓言告诫我们，诚实是美德，言行要真实可靠。人们用讲故事的方法不断地传承价值观和方法论，并在故事中学习。

一篇好文章其实就是由故事和观点组成的，其中占据较大篇幅的是故事，能打动人的往往也是故事。

如何写好故事呢？把握1个关键点和6个要素，就能又快又好地写出深入人心的故事，为你的文章增添色彩。

034　理解故事的定义

《你能写出好故事》里边有一句话讲得特别好："故事是人类经验的代言人，所以故事都是真实的。"

深以为然，所有的故事其实都是真实生活的写照。

故事究竟是什么呢？用一句话来简单概括，故事就是一个人为实现目标，经历种种阻碍，努力克服困难，最终取得胜利，人生从而发生巨大变化的过程。

好故事能够引起读者的共鸣，引发读者的思考，让读者在不知不觉中收获启迪。无论是写新媒体文案还是其他形式的创作，故事都是连接作者与读者心灵的桥梁。

035　掌握故事的关键点

故事的关键点在于变化。

在写故事之前，我们首先要考虑的是"变化"二字，明确主人公的起始状态和最终状态，即before和after。这有助于我们确定故事的主题和核心

信息。

举个例子。我经常看到有人这么写文章:"我今天上午出门买菜,中午请朋友来家里吃饭,下午我们一起去公园散步,度过了轻松美好的一天。"

这算是一个故事吗?

当然不算。虽然它有人物,也有对事情的描述,但是从头到尾也没有发生任何变化。只是记录了几件事情的流水账,我们肯定不会被这样的内容吸引。

如果想要吸引人,一定要有变化。

比如以下例子。

你之前不爱读书(before),现在爱上读书(after);

你之前习惯性拖延(before),现在行动力爆棚(after);

你之前有起床困难症(before),现在每天5点准时起床(after)。

读者会忍不住思考,你经历了什么,才有了这么大的转变,我是不是也可以改变自己呢?

我们都喜欢看到主人公从平凡走向非凡,从垂头丧气到踌躇满志,从焦虑与迷茫到明白与坚定。所以,故事的核心词语是"变化",没有变化的故事缺乏灵魂,因为前后的转变才是吸引读者的核心。

一个好的故事,往往会让读者感同身受,仿佛置身其中。当我们看到主人公经历的挑战和困境以后,我们也会思考自己的人生,思考面对类似的处境时应该如何应对。

故事是一面镜子,映照出我们自己的内心世界。

036　好故事的6个核心要素

明确了前后变化这个关键点,接下来思考主人公在这个过程中要面临什么样的挑战和阻碍,以及如何通过战胜困难来实现自己的目标,这样就构成一个完整的故事。在每个精彩的故事里,都有6个核心要素。

➢人物(故事的主人公)。

➢目标(主人公想要达到的目标)。

➢经过(为了达到目标做出的努力)。

➢阻碍（现实和理想之间的冲突）。
➢转折（主人公如何突破阻碍）。
➢结局（最终得到了什么结果）。

举个例子。

主人公想要父亲的爱（目标）。经常讨好父亲，每次弟弟哭闹惹父亲生气时，还不到7岁的她都使出浑身解数逗弟弟开心，并且贴心地宽慰父亲，可父亲总是冷冷地说一句："女孩子有什么用，只能干这些小事了。"（经过）在父亲那个时代，重男轻女的思想很严重（阻碍，现实和理想之间的冲突）。主人公不断努力，考取名校，进入大厂工作，在职场上做到高管，不断地向父亲证明，即便作为一名女性，依然可以为家里增光添彩。父亲态度逐渐有了一点转变，但是依旧不冷不热。后来，一次意外，母亲生病住院，需要高昂的医疗费，父亲四处求人无果，主人公拿出全部积蓄，帮家里渡过难关（转折）。父亲泪眼婆娑地说："没想到我们家关键时刻还得靠女儿支撑，谢谢女儿。"这是第一次看到高傲的父亲流泪，第一次听到父亲说谢谢。主人公所有情绪涌上心头，内心五味杂陈，仿佛……（结局）。

这就是一个故事的基本框架。其实写好故事并不难，只是我们没有习惯性地用6个核心要素来刻意练习。生活中的任何一个小故事，都可以通过这种方式变得更加精彩。

接下来，我通过利用6个核心要素举例说明写故事框架的方式，相信看完，你一定能够更加快速地掌握写故事的技巧。（6个核心要素中的人物统一用"主人公"代替，以下不再赘述。）

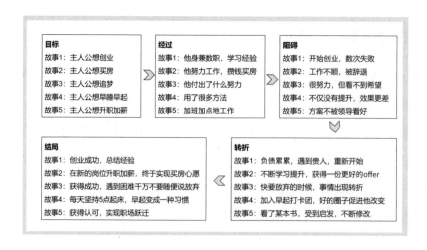

在每次写故事的时候,你也可以用这样的方法,把6个核心要素先写出来,紧接着去填充每个要素的内容,再补充细节,很快就能写出一个好故事。如果没有这些要素作为提醒,在写的时候就很容易变成流水账。

刚开始写作的时候,所有的模板或者公式都像一个可以给你提供帮助的栏杆,让你可以大胆地往前走且不容易摔倒。当练习多了,这些模板就会内化成你的技能,你也就不再需要辅助了。

037 6套公式,快速写出好故事

在带领1000多人写作的过程中,我发现很多人掌握了写故事的6个核心要素,但还是不知道怎么把平日里的小事包装成故事,我总结了6套简单的公式,这些公式可以帮助你随时捕捉灵感,学会从日常中寻找故事。

※ 公式一:遭遇问题 + 多次尝试 + 找到方法 + 总结经验

例如:

1. 遭遇问题:今天,在工作中,遇到了××问题。
2. 多次尝试:我用了很多种方法,但是效果都不理想
3. 找到方法:查阅了很多资料,终于找到解决问题的关键(列举事例)。
4. 总结经验:我把这个方法进行归纳整理,方法论1、2、3等。

※ 公式二:突发事件 + 解决方法 + 反思不足 + 总结经验

例如:

1. 突发事件:今天在升职竞聘汇报中,突然发生了××。
2. 解决方法:为了防止尴尬,我做出××调整,事情出现转机。
3. 反思不足:通过这件事反思到自己在××方面的不足。
4. 总结经验:人生的关键时刻,一定要准备planB,抓住机会。

※ 公式三:长期稳定 + 被动改变 + 获得成长 + 总结经验

例如:

1. 长期稳定:毕业后,选择了一份安逸的工作,朝九晚五,岁月静好。

2. 被动改变：公司裁员，被迫离职，才发现自己这么多年没有硬核技能，只会××。

3. 获得成长：为了能够找到合适的工作，重新开始学习。

4. 总结经验：不要在该奋斗的时候选择安逸，你逃避的一切，都会重新回到你身边。

※ 公式四：社会现象 + 联想自身 + 受到启发 + 总结经验

例如：

1. 社会现象：今天看到一则新闻/遇到一件事情/看了一本书/一部电影。

2. 联想自身：想到自己也曾遇到××事件（描述事情经过）。

3. 受到启发：从这件事中看到了自己的影子，受到××启发。

4. 总结经验：我们要像电影中/新闻中的主人公一样，遇到××时，要勇敢地××。

※ 公式五：自身弱点 + 受到刺激 + 做出改变 + 总结经验

例如：

1. 自身弱点：我是一个不自信/内向/胆小的人。

2. 受到刺激：被欺负了从不敢还击，今天××事刺激了我（描述事情经过）。

3. 做出改变：我决定做出改变（描述变化）。

4. 总结经验：我终于明白，善良中带着锋芒，才能获得尊重。

※ 公式六：追求梦想 + 不敢尝试 + 受到鼓励 + 总结经验

例如：

1. 追求梦想：我特别喜欢写作，一直有个作家梦。

2. 不敢尝试：小时候老师问梦想时，我说想成为作家，被嘲笑，不敢再尝试。

3. 受到鼓励：突然看到一本书，再次点亮了我的梦想，我开始×××。

4. 总结经验：大胆追梦，你的人生不应该被别人定义。

以上6个公式，可以帮助你激活写故事的灵感，再结合故事的关键点和6个核心要素，写好一个故事将不再是难题。

其实，故事无处不在，无论是一次有趣的旅行、一段动人的友情、一本好书，还是一次感人的经历，都可以成为你写作的素材。只要你善于总结，都可以变成精彩的故事，给他人带来启发，同时为自己的成长赋能。

故事不仅仅是讲述一段经历，更是传递情感和智慧的工具。从日常生活中的小事开始练习起来，通过写作不断倒逼自己成长。

——写作小贴士——

一、什么是故事

故事是人类经验的代言人，是一个人为了实现某个目标，遇到了阻碍，他通过克服种种困难，取得胜利，人生发生了巨大的变化。

二、故事的关键点

故事的关键点在于变化。

三、写故事的6个核心要素

☐ 人物（故事的主人公）

☐ 目标（主人公想要达到的目标）

☐ 经过（为了达到目标做出的努力）

☐ 阻碍（现实和理想之间的冲突）

☐ 转折（主人公如何突破阻碍）

☐ 结局（最终得到了什么结果）

四、捕捉日常小故事的6套公式

☐ 公式一：遭遇问题+多次尝试+找到方法+总结经验

☐ 公式二：突发事件+解决方法+反思不足+总结经验

☐ 公式三：长期稳定+被动改变+获得成长+总结经验

☐ 公式四：社会现象+联想自身+受到启发+总结经验

☐ 公式五：自身弱点+受到刺激+做出改变+总结经验

☐ 公式六：追求梦想+不敢尝试+受到鼓励+总结经验

---课后作业---

作业一：套用学到的公式，写一篇生活中的小故事，并选一个平台，公开发布。

作业二：拿出你曾经写的文章，套用学到的公式，修改文中的小故事。

任意选择一个作业来完成。

第五节　如何运用加减法，让文章详略得当

一篇好文章不仅要有丰富的内容，还需要简洁明了，让读者能够轻松理解和接受。通过巧妙地运用加法和减法，可以让文章更具吸引力，更有说服力，更加深入人心。

038　基础版加减法，让你的文章更有说服力

想要写好一篇文章，首先要疯狂做加法，当你看到相关的素材时就直接搬过来，这个过程就是"进货"的过程，先把好东西全部收集到一起。

刘润老师曾经说过，写作这件事，是一项考验"料肉比"的工作。

什么是"料肉比"呢？用一句话来概括就是，你喂多少斤饲料，就会长出多少斤肉来。

比如：

用2斤的饲料，才能喂出1斤的鸡肉；

用3斤的饲料，才能喂出1斤的猪肉；

用6斤的饲料，才能喂出1斤的牛肉；

用10斤的饲料，才能喂出1斤的羊肉；

所以他们的价格从高到低排列是羊肉>牛肉>猪肉>鸡肉。

运用到写作上也是同样的道理。写一篇文章，必须先输入10篇文章。

讲述一个观点，必须先听取10个观点。大量地输入，才能够做到少量的高质量输出，这样写出来的东西才是有见地、有价值、有料肉比的。

因此，写作前一定要大量输入。做完加法后，取其精华，保留最精彩的点，其他全部删除。这样的一加一减，会让你的文章更有说服力，内容更精炼。

很多人写不好文章的原因就是不舍得做最基础的加法，觉得素材或观点"差不多"就直接借鉴了，不愿意去继续输入和探究。

这个观点"差不多"，那个素材"差不多"，太多的"差不多"不断累加，最后就会变成"差很多"。

很多时候不是方法不好用，而是人的惰性使然，没有耐心去输入就着急输出，这种匆匆赶路的快，结果往往更慢。

039　精细化加减法，让你的文章更有吸引力

做完基础版加减法以后，我们进行整体梳理，要做一个精细化的加减法。这一轮加减法，像是一种对文案的雕琢。

千万不要怕雕琢，不要怕麻烦，一篇好文章胜过百篇普通的文章。一定要有"作品意识"，如果你写了上千篇文章，但是没有一篇拿得出手，不如好好雕琢一篇。日积月累，好作品就会越来越多，你的文笔会越来越值钱，你的人生也会越来越值钱。

※ 精细化加法

加法一：加入概念解释。

写作时，创作者往往会略过一些陌生概念的解释，导致读者对文章所说的内容并不清楚。这时候需要给文章做加法，把概念解释清楚，让读者理解得更透彻！

例如，提到"达克效应""二手压力"等词语，应该先解释清楚它们的概念，再写下面的内容。如果一开始读者就不懂你所表达的内容，立刻就会丧失阅读兴趣。

你不要觉得这个点很简单，其实这是写作中大部分人存在的误区。本书总结出来的注意事项，都是在我改了上千篇文章后总结出来的，是大部分

人容易忽略且极易出错的地方。

为什么大家会在这种简单的地方犯错呢？因为人们很容易陷入知识的诅咒，你觉得很简单、很熟悉的概念，对其他人来说未必。所以，除了日常用语，当在写作过程中要引入某个概念时，都要尽可能地用简单的句子进行解释。

加法二：加入情绪描述。

我之前看过好几篇个人成长文章，大多数都是冷冰冰地罗列个人成长中的事件。

于是，我和他们进行了沟通，询问他们在成长过程中是否有特别辛酸和特别快乐的时刻。

大多数人在和我沟通的时候，会想起很多事情来，甚至有的人说着说着忍不住掉眼泪。

这时候，我会鼓励他们记住当下的感受，以及和我沟通的内容，快速地去描写出来，经过这样的改动，一篇文章就显得有血有肉了，也非常容易打动人。

我无意戳别人的伤疤，只是我们要清晰地传达某一种观点的时候，是需要表达情绪的。

有时我们看一部电影或者看一部电视剧，会有很多旁白。比如：面对年迈的老母亲，再看看可爱的孩子，此刻，他心想，我一定不能再这么浑浑噩噩下去了，逃避不是办法……

这些心理斗争要描述出来，才更能打动读者，让读者产生共鸣。

想要让自己的文章打动读者，一定要学会"干湿结合"，既要提供实用价值，也要提供情绪价值。实用价值让读者获得方法，情绪价值可以促进读者行动。

加法三：加入细节刻画。

写作除了要学会用文字概述整体情况，还要刻画好细节。

下面举例说明。

首先来看无细节的描述。

一位男士对一位女士说："我真的真的很爱你，见你第一眼时就觉得自己爱上你了。"

再来看加入细节以后的描述。

一位男士对女士说:"我见你的第一眼,你穿着米黄色的连衣裙,在图书馆里认真地读书,大概是被书中的情节代入,你一会儿皱眉头,一会儿面带微笑,一会儿还激动地咬自己的食指。我就坐在你斜对面,一直盯着你,心想这姑娘真傻,从那一刻起,我就一直在悄悄观察你。"

通过以上对比,相信你已经明白了细节的重要性。干巴巴地描写一件事情的概况是无法打动人的,关键节点要靠细节来支撑。

因此,在写作过程中要对细节描述做加法,刻画的内容不一定要多么震撼,但一定要在细节中让读者感知到真诚,把读者代入到你描写的画面中,让他跟着你的节奏和情绪走。

※ 精细化减法

减法一:精简无关的内容。

在写作的时候,大部分人会忍不住把与主题无关的内容塞进文章里。这不是荒谬的现象,而是写作中常见的大误区。

造成这种情况的原因主要有两点。

一是收集了很多素材,在取舍的时候会犹豫不决。这就好比我们卖东西,货比三家不知道怎么取舍,所以索性都买了。

二是找到了特别精彩的素材,哪怕不合适也想放进去。这就好比你本来去买衣服,但是看到了一条喜欢的围巾,哪怕没用,你也忍不住买回去一样。

做减法对人们来说确实很难。在任何事情上做减法,都会让人纠结不已。

所以,越是这个时候越要提醒自己,要舍得删除无关的内容。一篇文章不是内容越多越好,也不是因为有了某一段话而精彩,而是整体效果好。确保文章精简且紧凑,这样才能更好地传达主题,让读者完全沉浸其中。

减法二:精简雷同的句子。

在写作过程中,有时会出现雷同的句子,虽然用了不同的词汇来表达,但意思却相同,缺乏层次递进和升华。这时候,我们必须删除雷同的句子,没有人喜欢重复听一句话。

下面举例说明。

原文:这位科学家的贡献不可估量,他是伟大的思想家,他的成就是不可磨灭的。

改写:这位科学家的贡献不可估量,他是伟大的思想家。

原文:这家餐厅的菜品非常好吃,特别是他们的招牌菜,简直是极品,让人吃了忘不了。

改写:这家餐厅的招牌菜简直是极品,吃了让人忘不了。

另外,我们还需要注意,不要过度使用雷同的名人素材或名言警句。适量引用一两句名言,前后适度穿插,可以增添文采和吸引读者,但罗列一大堆名言会让文章显得像一个名言警句大集合,影响文章的流畅性和吸引力。

减法三:精简句子结构。

有时候我们倾向于使用复杂的句子结构,以为这样会让文章显得更加高级和丰富。但实际上,过于复杂的句子结构可能会让读者难以理解。应该尽量精简句子结构,让文章更加清晰、流畅。

下面举例说明。

原文:在这个喧嚣的城市里,当夜幕降临时,霓虹灯光照亮了整个街道,人们纷纷赶路,忙碌的身影在灯光下交织成一幅繁忙的画面。

改写:夜幕降临,霓虹灯光照亮了整个街道,行人匆匆赶路,交织成繁忙的画面。

经过这样的减法,可以让文章更精炼,表达更清晰。

减法四:精简口语用词。

有时候为了强调某个观点,人们在说话时,可能会多次重复相同的表达,写作时,也会不自觉地代入,这样会让文章显得啰嗦。

下面举例说明。

原文:这个故事让我深受感动,看了以后,感动得我热泪盈眶,真的太感动了。

改写：这个故事让我深受感动，看完后热泪盈眶。

在写作时，想要去除口语化的问题，就要尽可能在用词上做好减法，这样会让文章更加有力度。

不论是个人成长文章、职场稿件还是创意作品，都可以灵活运用加减法，让文章更具吸引力和说服力。记住，写作不是冗长的废话堆砌，而是精心地用加法与减法进行取舍。

——写作小贴士——

一、基础版加减法

写作前一定要大量输入。做完加法后，取其精华，保留最精彩的点，其他点全部删除。这样的一加一减，会让你的文章更有说服力，内容更精炼。

二、精细化加减法

☐ 精细化加法

　　加法一：加入概念解释

　　加法二：加入情绪描述

　　加法三：加入细节刻画

☐ 精细化减法

　　减法一：精简无关的内容

　　减法二：精简雷同的句子

　　减法三：精简句子结构

　　减法四：精简口语用词

——课后作业——

拿出你曾经写过的文章，对文章进行加减法修改，并选择一个平台，公开发布。

第六节　如何写好金句，提高文章传播率

故事让你产生共鸣，金句击中你的情绪，看完一篇文章后你可能会忘记具体内容，但一定会记住金句。

金句能够瞬间让作品提高一个档次，一篇作品若能嵌入恰到好处的金句，必定能使其水平大幅提升，甚至成为爆款。

在接下来的内容中，我将介绍3个实用技巧和20套模板，帮助你快速写出引人入胜的金句，即便是新手也能信手拈来。

040　3个技巧，助你轻松写出引人入胜的金句

※ 巧用关联词

很多句子都是因为关联词用得好，成了朗朗上口的金句。我罗列了16个常用的关联词，大家可以直接套用。

常见的关联词有：与其……不如……；不是……而是……；一边……一边……；要么……要么……；或许……才能……；虽然……但是……；因为……所以……；不仅……而且……；即使……也……；既然……就……；不管……都……；不论……都……；除非……否则……；一旦……就……；除非……或者……；只有……才能……。

如何使用关键词写金句呢？下面用5个关联词来举例说明。

案例1：与其……不如……

◇ 与其扶起一个摔倒的人，不如教他如何自己站起来。

◇ 与其花许多时间和精力去凿许多浅井，不如花同样的时间和精力去凿一口深井。

◇ 与其临渊羡鱼，不如退而结网。

◇ 与其抱怨工作繁忙，不如寻找提升效率的方法。

◇ 与其一味地羡慕他人，不如专注提升自己的价值。

案例2：不是……而是……

◇ 成长的秘诀，不是完美无缺，而是从错误中汲取教训。

◇ 真正的力量，不是体现在肌肉的强壮上，而是表现在内心的坚韧上。

◇ 绝口不提，不是因为忘记，而是因为铭记。

◇ 不是因为有希望才坚持，而是因为坚持了才有希望。

◇ 不是闭门造车，孤芳自赏，而是敞开心扉，虚心求教。

案例3：一边……一边……

◇ 一边承担着无尽的责任和牺牲，一边享受着无尽的收获和成长。

◇ 一边流着泪崩溃，一边把心碎的自己拼凑起来。

◇ 一边为梦想拼尽全力，一边看着它在现实的冷漠中破碎。

案例4：要么……要么……

◇ 要么出众，要么出局。

◇ 要么去追逐自己的梦想，要么去为别人的梦想打工。

◇ 要么活出自己的样子，要么活成他人的影子。

案例5：或许……才能……

◇ 或许成为遗憾，才能让人念念不忘。

◇ 或许迈出第一步，才能走向辽阔的未来。

◇ 或许放下过去，才能迎接光明的未来。

在写作时，我们可以把文章中的关键句子用关联词来改写，就会显得更加与众不同。

关联词不仅限于此，在日常生活中，你看到喜欢的关联词可以随时收集下来，写作的时候对着写，照着套用，能够帮你快速写出金句。

※ 结构模仿法

模仿就是学别人写金句的手法，拆解他们的结构来为你所用。我归纳了5种实用的方法，这些方法是写作者常用到的经典写作技巧，你模仿这些技巧，也可以快速创作出吸引人的金句。

写法一：对比法

对比法是指通过前后事物形成鲜明的对比或反差，以突出作者想要表达的重点。在写作中，可以使用反义词或有强烈对比意义的词语来构建这种对比关系，从而创作出令人印象深刻的金句。

例句：

◇ 静静等待时光的绽放，胜过匆匆追逐一时的繁华。

◇ 温柔的关怀能渐渐拉近彼此的距离，而冷漠的态度只会让人疏远你。

◇ 忠于原则的微笑会让你获得更多支持，而毫无原则的嘲笑只会让你孤立无援。

◇ 像春风拂面一样温暖，却又如寒冬凛冽般无情。

通过对比，读者能更加清晰地理解作者的观点或感受到情感的冲击。这种写作手法可以使句子更具生动性和表现力，引起读者的共鸣和思考。

写法二：回环法

回环法是指通过将前半句的内容倒过来放在后半句，形成前后呼应、回环反复的效果。这种写作方法可以使句子更耐人寻味，给人留下深刻的印象。

例句：

◇ 你不需要变得很厉害才开始，你需要开始才能变得很厉害。

◇ 当你凝视深渊时，深渊也在凝视你。

◇ 当你在消耗时间时，时间也在消耗你。

◇ 自律者自救，自救者自律。

通过回环的结构，句子的表达更具有节奏感和韵律感，这种技巧可以让句子更加生动有趣，加深对内容的理解和体会。

写法三：重复法

重复法是指在句子中多次使用相同的词语或表达方式，加强表达的力度和效果。

例句：

◇ 勇敢不是没有恐惧，勇敢是在恐惧面前依旧坚定前行。

◇ 你对目标的把控，就是你对未来的把控。

◇ 有节制的激情叫热情，没有节制的激情叫冲动。

◇ 爱的时候不辜负人，玩的时候不辜负风景。

重复的金句写作手法，强化了读者的记忆，有些话可能让人看一次就记住了，非常利于传播。

写法四：排比法

排比法是指列举多个相似或对比的词语或短语，使语势得到增强，感情得到加深。

例句：

◇ 她是善良的妻子，又是贴心的母亲，还是坚强的女儿。

◇ 谎言是一只心灵的蛀虫，将人的心蛀得面目全非；谎言是一个深深的泥潭，让人深陷其中无法自拔；谎言是一个无尽的黑洞，让人坠入罪恶的深渊万劫不复。

◇ 彼此心有灵犀，无须言语表达。此时，双方尽情享受默契十足的惊喜欢愉，尽情享受目光交会时的心跳加速，尽情享受手指触碰时的惊心动魄。倘若言之过早，美好的感觉或许会褪色。

排比段非常适合用于总结，增强文章的气势，也多用于说理或抒情。用排比形式可以把论点阐述得更严密、更透彻，用排比抒情可以把感情抒发得淋漓尽致。

写法五：类比法

类比法是指通过将一个事物或概念比作另一个类似的事物或概念，以突出它们之间相似或共通的特点。这样做可以使表达更加生动形象，让读者更容易理解和接受。

例句：

◇ 时间如同一把无情的镰刀，一寸寸地割下我们的生命。

◇ 学习与休息之间就像音符与间奏，需要一定的平衡，才能让生活的旋律更加和谐。倘若只顾学习不愿放松，会使生命的旋律变得单调乏味。

◇ 管理目标就像驾驭一匹烈马，需要坚定的决心。只有紧握缰绳，才能达到终点。

你可以用一个熟悉的事物或形象来比喻一个抽象的概念，从而使表达更加形象生动，让读者更容易理解和感受作者想要表达的意思。写的时候多多思考将你描写的事物比喻成什么,才更能通俗易懂。

以上方法能够帮助你更灵活地运用不同的表达方式,写出吸引人的金句。通过学习模仿,我们可以不断提高自己的写作水平,创作出更具感染力和吸引力的句子。

※ 拆解提取法

拆解提取法是对读到的金句进行拆解,提取其中的关键词,然后用填空的形式构造新的金句。对新手和成熟的作者来说都非常实用。

案例一

原文:起初是我们造就习惯,后来是习惯造就我们。

提取关键词:起初是_____,后来是_____。

填空式写作:

◇ 起初是孩子需要我们,后来是我们离不开孩子。

◇ 起初是因为年轻而有梦想,后来是因为拥有梦想而年轻。

◇ 起初是我们管理目标,后来是目标管理我们。

案例二

原文:喜剧是把人生无价值的东西撕破给人看,悲剧则是把人生有价值的东西毁灭给人看。

提取关键词:喜剧是_____,悲剧是_____。

填空式写作:

◇ 喜剧是历尽千帆,归来仍是少年;悲剧是早已少年不再,却仍要尽历千帆。

◇ 喜剧是把不可能的事情变成可能,悲剧是把可能的事情变成不可能。

◇ 喜剧是品过人生甘苦仍旧以笑面对,悲剧是未尝世间百态便蹉跎此生。

案例三

原文:哪有什么天赋异禀,只不过是在刻意练习。

提取关键词:哪有什么_____,只不过_____。

填空式写作:

◇ 哪有什么一战成名,只不过是百炼成钢。

◇ 哪有什么乖巧懂事的孩子，只不过是父母刻意的积极引导。

◇ 哪有什么岁月静好，只不过是有人在负重前行。

案例四

原文：最慢的步伐不是跬步，而是徘徊；最快的脚步不是冲刺，而是坚持。

提取关键词：最慢的____不是____，而是_____；最快的____不是____，而是_____。

填空式写作：

◇ 最慢的成长，不是没有进步，而是方向不对；最快的成长，不是走捷径，而是选对方向。

◇ 最慢的成长，不是错过机会，而是放弃自己；最快的成长，不是一步登天，而是日拱一卒。

◇ 最慢的速度，不是踱步，而是三心二意；最快的速度，不是一蹴而就，而是持之以恒。

案例五

原文：在高手圈里，你很难成为低手。

提取关键词：在____里，很难成为____。

填空式写作：

◇ 在积极的氛围里，你很难成为消极的人。

◇ 在牛人的圈子里，你很难成为平庸的人

◇ 在懒惰的环境里，你很难成为勤奋的人。

通过上述拆解提取法，你可以轻松地创作出多个意义深刻的金句，为你的文章增色。这个方法需要靠平时的积累，当你看到喜欢的句子时，快速地放进自己的素材库，提取关键词模板，下次写作时就可以直接使用了。

041　20个万能句式，助你随时输出金句不卡壳

在我们日常的写作过程中，难免会遇到灵感枯竭的情况，但又必须保质保量地完成稿件。为此，我精心积累并整理了20个万能句式，这些句式可以在关键时刻派上用场，像快速"抄作业"一样简单。

1. "不是A，而是B让你更……"

例如：不是学历让你出彩，而是学习力让你卓越。

2. "用A的姿态面对B，让你……"

例如：用积极的姿态面对挑战，让你战胜一切困难。

3. "A是B的基础，是C的关键。"

例如：有效的沟通是建立良好人际关系的基础，是解决问题的关键。

4. "或许A，但更可能B。"

例如：或许会有挫折，但更可能有成功的喜悦。

5. "A是B，B是C，所以A就是C。"

例如：友谊的基础是信任，信任的基础是理解，所以友谊就是建立理解的桥梁。

6. "一边A，一边B，让你C。"

例如：一边培养人际关系，一边提升个人能力，让你在职场获得双赢。

7. "不只是A，更是B。"

例如：成长，不只是年龄的增长，更是心智的成熟。

8. "从A到B，再到C。"

例如：从跟跑到并跑，再到领跑。

9. "A不是唯一，但是是必要的。"

例如：勤奋不是成功的唯一因素，但是是成功的必要条件。

10. "在A的路上，B是你的伴侣。"

例如：在追求梦想的路上，坚持是你的忠实伴侣。

11. "A是生活的滋润剂，B是人生的点睛之笔。"

例如：梦想是生活的滋润剂，勇气是人生的点睛之笔。

12. "不同的A，同样的B。"

例如：不同的人，同样的梦想。

13. "A只是手段，B才是目的。"

例如：工作只是手段，活好才是目的。

14. "A不是目标，B才是真正的目标。"

例如：减肥不是目标，身体健康才是真正的目标。

15. "A不是限制，是契机。"

例如：失败并不是限制，反而是取得突破的契机。

16. "A的从容，都是B的沉淀。"

例如：他信手拈来的从容，都是厚积薄发的沉淀。

17. "A是里程碑，B是新的起点。"

例如：毕业是里程碑，工作是新的起点。

18. "A过去，B未来。"

例如：与其后悔过去，不如拥抱未来，不要让过去阻碍未来的脚步。

19. "A是支撑点，B是动力点。"

例如：责任是支撑点，梦想是动力点。

20. "不在于A，而在于B。"

例如：不在于数量，而在于质量。

这20个万能句式，能够让你在关键时候应急，解决你的燃眉之急。

只要你仔细观察，就会发现，很多金句的句式在结构上是一样的，掌握好这条规律，你也能自己梳理出属于自己的金句库。让你随时输出短小精悍、打动人心的句子，赢得更多关注度。

——写作小贴士——

一、3大技巧，新手也能写金句。

☐ 巧用关联词
☐ 结构模仿法
☐ 拆解提取法

二、可套用的20个万能句式。

20个万能句式，能够让你在关键时候应急，解决你的燃眉之急。很多句式在结构上是一样的，掌握好这条规律，你也能自己梳理出属于自己的金句库。

——课后作业——

按照以上金句写法，练习写5条金句。

第七节　如何正确排版，提高阅读体验感

那些受大众欢迎的文章，不仅内容精彩，而且版式让人舒服。优秀的版式可以让读者更轻松地吸收信息，提高阅读的舒适度和愉悦感。有很多内容非常优秀的文章，往往会因为排出的版式不够好，造成了阅读体验感差，从而流失一堆用户。

042　5个排版原则，提升阅读体验感

一篇文章的版式不仅仅能提高读者的阅读体验感，也是作者人设的体现。如果你是投稿，那么版式就像卷面分，它是敲门砖；如果你自己开设了账号发布文章，那么整洁统一的模板，可以让你的读者迅速辨认出你的风格，强化你在读者心中的印象。

在给文章排版时，通常需遵循以下5点原则。

➤原则1：分解结构。将文章划分为引导语、正文和结语3个部分，突出开头和结尾，引导阅读节奏。

➤原则2：巧妙分段。合理分段，营造呼吸感，为读者创造轻松的阅读体验。

➤原则3：统一风格。保持版式一致，让读者透过版式的特点辨识出你的文章。

➤原则4：字体易辨。字体是文章的基础元素。第一要素是考虑字体的识别度，避免使用难以辨认的字体。

➤原则5：色彩简单。整篇文章的颜色最好不超过3种，避免造成花哨的效果。

对读者来说，优质的版式可以提升阅读体验，减轻阅读压力，增强对文章逻辑的理解和掌握；对个人来说，版式是一种符号的传播，可以增强个人品牌的辨识度。因此，无论如何都不能忽略排版的重要性。

043　4种排版方法，提升文章颜值力

※ 巧用标题

写文章时，除了正文，标题也是不可或缺的重要元素。

使用小标题对内容进行分段处理，可以清晰地呈现文章结构和重点，让读者更容易抓住核心内容。

每个小标题都可以代表一个观点或建议，使文章更加清晰易懂。这些标题不仅是段落内容的概括，也是读者理解作者要表达的信息的关键，没有明确标题的文章会显得结构混乱，没有重点。

※ 合理分段

不论什么文章，在发布之前，我们都要进行合理分段，读者阅读的时候才不会疲劳，文章整体也会更加美观。

文章的一般结构是"总分总"，先写好总的观点，再根据每个点或者每个建议进行分段，这样整篇文章看起来不会是杂乱无章堆在一起的。

段落排版需要注意以下3点。

➤新媒体文案的格式，和正规的书写有一定的区别，通常是顶格写的。

➤两段之间尽量空一行，让读者阅读起来有呼吸感。

➤每一段尽量不超过五行，一般三行半效果最佳。

合理分段也为引用、标记和分享提供了方便，让读者可以更方便地截取或分享感兴趣的内容，提升文章的传播度。

※ 适当加粗

在阅读文章时，你是否留意过很多作者会采用字体加粗的方式。为什么要这样做呢？

因为加粗能够帮助读者更好地捕捉重要信息。如今，我们处于碎片化的时代，时间变得非常珍贵。面对大量没有重点的文章，读者是没有耐心阅读的，千万不要让读者自行提取重点。

注意：并不是将整篇文章都加粗，我们可以选择对特定段落或者关键词、关键句进行加粗处理，让你的文章在读者眼中一目了然，引导他们更好地理解和关注重点内容，这就是加粗的作用。

※ 图文搭配

为了让文章更生动有趣，可以在文字之间添加图片来缓解阅读疲劳。

配图需要注意以下2点。

➢配图应当选择与内容相关的图片，不要使用花里胡哨的图片。为了方便读者理解，还可以加入示例图。

➢图片样式的选择要贴合正文主题和排版风格，颜色可以根据全文的主色调来选择。

注意：图片和文章一样，也是有版权的。我之前以为大家都知道这一点，在带学员写作后才发现，原来很多人不知道图片是有版权的。如果你的图片作为商业用途，就需要到免费的网站去下载。

通过正确的排版，我们可以提高文章的阅读体验感，让读者更加愿意为我们的作品停留，深度理解我们的思想和观点。

有一句话叫"颜值即正义"，意思就是好看就是王道，虽然听上去不太合理，但是却是当代人心理的一种反映，一个精美的排版设计，就是一篇文章的"颜值"。

所以，写完文章以后，千万不要忽略排版。

——写作小贴士——

一、在为文章排版时，通常需遵循以下5点原则。
- ☐ 原则1：分解结构
- ☐ 原则2：巧妙分段
- ☐ 原则3：统一风格
- ☐ 原则4：字体易辨
- ☐ 原则5：色彩简单

二、4大常见的文章排版方法
- ☐ 巧用标题
- ☐ 合理分段
- ☐ 适当加粗
- ☐ 图文搭配

——课后作业——

按照以上排版原则，对所写的文章进行排版。

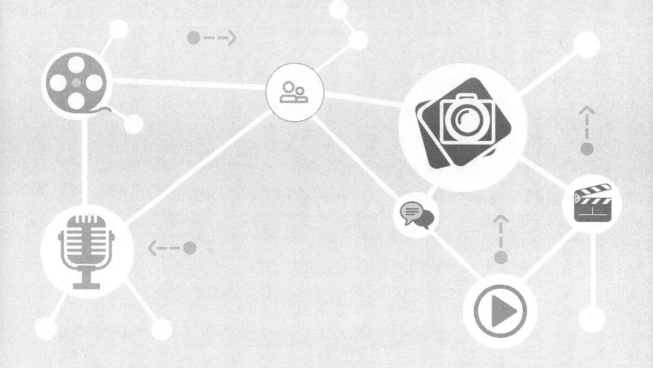

第四章

打破写作误区,持续写出好文章

第一节　重新理解模仿与抄袭，学会升级思维

毕加索曾说："模仿是人类一切学习的开端，然后才是创新，最后是你的自主！"

在这个信息爆炸的时代，我们所看到的内容似乎越来越相似，同质化的现象越来越严重。人们越来越难以区分模仿和抄袭之间的界限，甚至误以为内容创作是一个不断抄袭和搬运的过程。

如果将写作这一概念如此简化，就大大误解了写作的本质，可能在写作的道路上迷失自己。

接下来这一节的内容，解释了模仿的意义，以及它在激发创造力和扩展思维方面的巨大作用。搞清楚"模仿"的重要性，你的写作能力会迎来新一轮的提升。

044　重新理解模仿，借用牛人智慧提升自己

那么，到底什么是模仿呢？

举个例子，你学习了简单的加法1+1=2，如果在考试中，你只是直接照抄别人的答案，将其写在了你的试卷上，那就是抄袭。但如果你将这个加法运用在实际情境中，比如在超市买商品时，那就不再是抄袭，而是应用。

再来举个例子，你上了一堂生动有趣的历史课，感到非常兴奋，于是将课上的内容讲给了你的朋友听。你的朋友也觉得很有趣，于是他们也将这段内容讲给其他人。尽管大家传递的内容相同，但这并不等同于抄袭，而是知识的分享和传播。

同理，写作也遵循这样的原则。前人的知识是宝贵的财富，每个人都可以借鉴和应用，这本身并不构成抄袭，并且我们还需要多模仿和学习前人的经验，以促进个人的成长。

但是模仿并不等同于"简单搬运"，其核心在于创造性地应用，将前

人的智慧与自己的见解融合，创造出新的价值和观点。

在《超级符号》一书中，我曾读到一句话，看完后真的如醍醐灌顶，可以说是快速写作的最佳秘诀。

书中这样写道："通常来说，行业的历史智慧就够你用了。因为这个行业已经绞尽了一代又一代先驱先烈的脑汁，我们为什么不先去汲取他们的智慧呢？"

比如，你要做一个感冒药的创意广告，如果你手里有全世界历史上所有国家、所有年代、所有投放过的感冒药广告片，至少够你用十年。

乔布斯时常引用一句话："聪明的艺术家模仿，伟大的艺术家偷窃。"

广告大师奥格威也说过："搜寻全世界，把最好的创意偷来。"

这里所说的"偷"就是"模仿"。

以苹果手机为例，前人已经积累了许多成熟的技术和方法。假设乔布斯不去借鉴，而是说："不，我要原创，不去看过去的技术，我要实现从0到1。如果直接应用前人的技术和智慧，那便是抄袭。"在这种情况下，或许苹果手机至今还未问世。

实际上，每个人都是在原有的基础上进行迭代，重新组合不同的元素，从而创造出属于自己的东西。就好比拼乐高积木一样，每个知识点、每个素材，都是一块块的积木，我们可以用自己的方式拼凑成全新的模型。

其实很多公司都是在模仿中诞生的。

中国许多创业项目都模仿了西方的模式。如今，全球都进入了一个"模仿中国"的新时代。

模仿并不是机械地搬运，而是通过吸纳前人的智慧，不断提升自己，培养自己的能力，最终形成独特的特质。

因此，不要轻视模仿，也不要将模仿与简单的抄袭混为一谈。善于模仿，才是明智之选。

045 抓住两个关键，提升你成事的概率

模仿如此重要，那么该如何更好地模仿呢？

华杉老师说:"不要以为'偷'的技术含量低,'偷'的技术含量有两大关键。"这两个关键分别如下。

一是你知道"偷"什么。历史资料浩瀚如海,你得知道哪个有用,你要"偷"到这行的本质,而不是找来一堆戛纳获奖广告,"偷"一堆没用的"创意";

二是你的实力要和你"偷"的对象相当。你照搬照抄刘翔的跨栏技术,要和他跑得一样快才叫你会"偷";否则,就成了东施效颦。

围绕这两个关键点,才能"偷"出水平,才叫正确模仿。

首先要大量输入,因为你拥有的资料越多,你的创意越多。接下来你要缩小范围,缩小到你要精准模仿的范围。

用这样的方法,往往很容易得到最有价值的东西。当然,"很容易"的前提是你有判断力。

初期阶段,如果你的判断力比较弱,还可以再次使用"模仿原则"。你去看看那些已经成功了的人,用的是什么方法,正确的道路一定有人走过,模仿他们的方法再走一遍,成功的概率自然会大大提高。

学会模仿,就是去捡回丢失的财富。

所以,请你一定要学会正确模仿!这是你的财富,取之不尽,用之不竭!

046 用好 3 个方法,学会精准模仿

作为一名写作者,想要更好地模仿,可以从以下3个方面展开。

※ 碎片化小输入

初步阶段,可以读一些资讯、新闻和小故事等,这些都可以是你练习的素材。

阅读完之后,尝试用自己的语言重新描述一下。

比如,作者从A角度出发,你从B角度进行解读。这个时候,虽然你们用的是同样的素材,但是因为看到的角度不同,写出来的内容会存在差异,你解读的部分融入了你的思考,就属于你的原创。

这一过程可以帮助你逐渐提升写作能力，能够逐渐培养出你个人独特的风格和观点。

※ 系统化大输入

如果你希望在写作领域不断进步，就不能只满足于碎片化的信息，而是需要有结构、有深度地输入。

阅读大量的书籍是一个很好的方式，因为书籍通常具有更严谨的结构和更深入的内容，也更加系统化。

以我个人为例，我在各个平台上发布文章，大多是关于一个小知识点的快速输出。但当我写书时，会思考整体的组织架构，写出来的内容更完整、更有体系。

两者的输出效果天差地别，读者从中吸收的知识也会截然不同。

因此，要多读书，持续地进行大量阅读。

掌握的知识越多，你脑中的素材库就越丰富，在写作的时候，你可以调用的知识就越多。

在带学员的过程中，我发现讲了"如何搜索素材"后，会出现两种截然相反的现象。有的人能够很快找到海量的资料，但也有些人还是不会。为什么会出现这种情况呢？

后者之所以不擅长搜索，不是没有掌握搜索方法，而是"占有的知识储备相对较少"，从而导致了不知道该搜什么。

以两个人同时写"目标"这个选题为例，A在写作之前已经阅读了很多相关书籍，而B平时很少涉及相关内容。于是，在写作过程中，A会不自觉地想起之前阅读过的文章，当进行素材搜索时，他会有特定的关键词和方向。而B脑中几乎没有相关概念，面对这个选题时根本不知道从何入手进行搜索。这就形成了两者之间本质的差异。

如果你发现搜索素材的时候，不知道如何下手，更要多看、多输入，快速提升自己。

知好才能写好！

写作是提升自己的超级武器。

※ **升级化写原创**

进行了大量的输入后,你可以不再只满足于"搜索素材"的模仿。

你可以升级为"模仿结构",用曾经看过的创作方法,写自己的故事。比如,看到身边的某种现象,你有了一些感受和启发,用自己的语言去描述。

现在"打造个人IP"这个概念很火,人人都想把自己的故事和观点传播出去,这就非常考验一个人的写作能力。

至此,相信你对模仿有了新的理解,一定能够站在巨人的肩膀上看得更远,写得更好。

你可以从现在开始,去找10篇文章,试着重新组合拼装,开始通过模仿完成你的第一篇文章。在模仿的过程中,你要学会拆解,下一节会讲解如何正确拆解,辅助你更快、更好地模仿。

作为一个初创者,写不出来的时候,更要学会模仿。你会发现,原来写作真的不难。

——写作小贴士——

如何正确模仿?有以下几个方法。
- ☐ 碎片化小输入
- ☐ 系统化大输入
- ☐ 升级化写原创

——课后作业——

围绕一个选题,找10篇文章,通篇阅读,进行模仿创作。

第二节　重新理解拆解文章，告别无效努力

很多人都明白学习和拆解他人的写作方法，是快速进步的关键，但是如何才能有效地进行拆解呢？

据我观察，许多人并不擅长这项技能，大部分人花费了大量精力进行拆解，却发现自己的进步并不明显，导致越努力越无力！

接下来将详细介绍一种省时又高效的拆解方法。

正确运用你的精力，用对方法，减少无谓的内耗，才是明智之举。

047　常见的拆解误区

我常见到许多人使用以下方式进行拆解。

第一步，分析文章开头。

第二步，分析大小标题。

第三步，分析文章结尾。

第四步，摘录文章金句。

然而，这并不能算作真正的拆解。用这样的方式，即使拆解10篇，甚至拆解20篇，实际意义也不大。如果非要用这样的方式来描述拆解的话，只能称之为"拆"，而不是"解"。

048　5步学会正确拆解，告别无效努力

※ **第一步：通读全文，获取核心观点**

第一步是最关键的一步，拿到文章以后，不要着急把大小标题和加大加粗的文字单独拿出来。要先通读，看完后思考这篇文章传达了什么道理，试着去提炼文章的核心。就像中小学生阅读文章后，总结文章的中心思想。

然后把文章页关闭，想一下这篇文章在你脑海里面到底留下了什么印

象，你对哪一句话印象最深刻？

这才是拆解的第一步。先聚焦主观点，否则拆解了半天都是稀碎的渣子，很多时候会把自己拆糊涂。

※ 第二步：问题3步法，快速分析文章结构

分析完核心观点以后，紧接着分析文章的结构。

可以围绕以下3个具体问题展开。

① 分析文章采用的是"总分总"的结构，还是递进的结构，或者其他形式。

② 如果换做你，你会怎么写？作者采用了"总分总"的形式，你可不可以采用"递进"的方式来写呢？

③ 最吸引你的是哪一部分？作者把这一部分放在了什么位置？

这时，带着疑问和目的进行阅读，你看文章的时候就会有不一样的感受。

你会开始思考如何像作者一样将结构贯穿整篇文章，以便更好、更快地提升自己的写作水平。

我看过很多人只注重浏览大小标题，只留意加粗放大的文字部分，得出的结论仅仅是：文章标题应用了热门话题，小标题很押韵，排版工整。这样的拆解，在实际写作时并无多大帮助。

在拆解文章时，首先关注的是主题和整体结构，而不是陷入琐碎的句子表达、排版工整与否的考量。

※ 第三步：分析文章的素材

在对整篇文章的结构进行分析后，紧随其后是对文章素材的细致拆解和深入分析。

如果在素材拆解方面感到迷茫，也可以借助以下3个问题进行分析。

① 素材为何吸引你？是因为给你带来了新知？还是引发了情感共鸣？

② 作者选用了哪些关键词来呈现这些素材？如何搜索到类似的优质素材？（可以尝试围绕关键词自行搜索一遍，这将帮助你更有方法地进

行搜索。)

③ 文章中的这些素材，还可以在哪些话题中进行引用或运用？

这种素材拆解方式，实际上是在系统性地培养你的素材加工、整理和搜索能力。看起来需要投入一些精力，但实际上会使你在后续写作时更得心应手，实则省时省力。

※ 第四步：分析文章的切入点和落脚点

接下来，到了文章的切入点和落脚点，也就是文章的开头和结尾。

这时，你要思考以下两个问题。

① 是什么内容吸引了你，让你被吸引进来？

② 在阅读完整篇文章后，你一直在心头回味的是什么？

在这个阶段，你要关注自己的情感和感受。找到触动你的因素，以及如何用这些因素来触动其他人。

通过这样的分析，你将更好地理解文章的开篇和结尾，从而更准确地运用类似的手法来引导读者。

※ 第五步：文章的金句摘抄和拆解

文章中的金句就像一颗颗点缀在文章中的明珠，在适当的时候，可以帮助我们把文章的情绪值拉到最高。

阅读任何一篇文章都不能忽略其中的金句，你可以按照以下3个步骤来吸收金句。

① 摘抄：将金句收集到你的金句库中。

② 拆解：采用第二章提到的金句拆解与模仿法，深入分析金句的结构和表达方式。

③ 观察：观察金句在文章中的放置位置，理解它们在整篇文章中的作用。

完成以上步骤后，一篇文章才算真正被拆解。

虽然这个过程可能稍显烦琐，但却是事半功倍的方法。很多人通过这样的拆解方式，迅速创作出了阅读量超过10万的爆款文章。

我们要学会聪明地偷懒，要越偷懒越省力，而不是越偷懒越无力，如果你拆解了上百篇文章，却仍无法写出好作品，那只会让你感到疲惫不堪，对写作产生怀疑。

勤总结、勤思考，就能事半功倍。

为了能够更好地帮助大家拆解，我制作了一个表格，在拆解文章的时候，只需要按照这个表格来填写就可以了。

文章标题	核心观点	文章结构	文章素材	切入点和落脚点	金句

——写作小贴士——

正确拆解文章，告别无效努力。

第一步：通读全文，获取核心观点。

第二步：问题3步法，快速分析文章结构。

第三步：分析文章的素材。

第四步：分析文章的切入点和落脚点。

第五步：文章的金句摘抄和拆解。

——课后作业——

找两篇你喜欢的爆款文章，按照上述方法进行拆解，并填写到上面的表格中。

第三节　重新理解写作顺序，告别写作难产

如果你想持续写出好文章，从现在开始，重新调整写作顺序：先动笔，再思考！

这一点可能与常识背道而驰，很多人可能会质疑："难道不是应该先充分思考再开始写作吗？如果我没有想清楚该如何写，该怎么开始动笔呢？"

现在，我要分享一个关于写作的重要秘诀：最优秀的创作都是在写作的过程中出现的，而不是在思考的时候。

只要你开始动笔写，灵感就会来帮助你。

049　重新理解写作顺序，先动笔再思考

※ 你永远想不清楚

你有没有留意到，在很多情况下，我们并不是因为万事俱备，明确了一切细节，才能有条不紊地前进。恰恰相反，常常是在现实的催逼下，不得不着手行动，然后在行动的过程中，我们才渐渐豁然开朗。

同样的道理，只有真正开始动笔，你才会迫使自己去思考。你需要先开局，才能逐渐理清一切。

在阅读中学习阅读，在写作中练习写作，在行动中才能真正促进思考。

马云在一次演讲中说："创业者就是要在一切都未就绪的时候去作死。如果什么事情都准备好了，我就不会成功了。"

此刻就是你准备好的时候，如果你一直在准备，就永远无法准备好！

在复杂的世界里，不存在完美的计划。与其费尽心思地去做一个完美的战略，不如从1.0版本开始，不断迭代。在没有实践之前，你永远不知道自己哪里有问题，只有在路上才能不断地发现问题。

写作也是如此，不要等到你想得非常清楚以后再开始写。相反，在写作的过程中，通过不断地书写和修改，你才会逐渐理清思路。

※ 事情是动态发展的

做任何事情都是一个动态发展的过程。很多时候即便你觉得想清楚了，也会在推进的过程中发生意外，将你的计划打乱，逼着你重新规划。

同理，在写的过程中，你才能真的发现问题。

你一直思考却不落笔记录，大脑负荷会越来越重，很容易把稍纵即逝的想法忘掉。

大部分人可能都有过这样的感受：某天，你突然有一个很好的想法，或者想到了一个很好的题材。但你在脑中却不停推敲，反复权衡，最终变得越发无从下手，甚至被其他事情分散了注意力，结果之前的"创意"也消失了。

所以，一定要先写出来。

一旦开始写，你就会不断地找新素材，组合信息。在这个过程中，会触发你的很多新灵感，如果你不动笔写就不会有这些灵感，因此不要过于沉浸在想法当中。

在《巨人的工具》这本书中，总结了很多"巨人"（也就是我们经常说的优秀的人）的成长方式，里面讲到了关于他们写作的根本原因："巨人"每天早上把自己的想法写出来，不一定要解决问题，写出来只是为了把问题从头脑中拿出来，否则这些问题一整天都会像颗子弹一样在脑袋中蹿来蹿去，造成破坏。

神奇的是，往往写下来以后，很多问题也就迎刃而解了，好像写下来更容易得到答案。

写作的过程，就好比要计算 65×32，如果只是脑海中计算，可能很难准确地算出答案；反之，如果在纸上列出竖式，一步步推演，就很容易得到准确的答案。

写下来的是有力量的，如果你把写下来作为第一步，就会发现"不会写的心魔"是只"纸老虎"。有时，只需一张纸和几个问题，你就能冲破困境。

一旦你开始动笔，你的思路将会不断涌现，你的大脑就会像被施了魔法一样，越写越有灵感。

050 6种快速动笔法,让你的写作速度10倍提升

接下来分享6种快速动笔的方法,能够让你的写作速度直接提升10倍。方法非常简单,效果却出奇得好,任何人都可以毫不费力地应用。

※ 摘抄动笔法

刚开始不知道怎么写,就去摘抄,可以抄一些名言警句,也可以是书中比较好的素材。在抄写的过程中,你会从句子中汲取灵感,逐渐产生自己的想法。

别觉得这个很荒诞,许多看似荒诞的道理,往往是因为我们从未实践过,也从未深入思考过,轻易得出的定论。

※ 点子动笔法

当你陷入写作困境时,每天花点时间在本子上写下10个点子。这个练习的目的是锻炼你的"点子肌肉",增强自信,随时准备迸发创意。

无须担心这些点子是否是好点子,尽管写,想到什么就立刻写下来,随意地记录。你会惊讶地发现,这些碎片化的想法将为你带来新的灵感。

如果你觉得每天写10个点子都有些困难,那么恭喜你,有价值的事往往是最具挑战性的。坚持去做那些难但正确的事情,你才能获得成功。在想要逃避时,提醒自己,我正在挖掘宝藏。

不要害怕做你力所不能及的事,如果我们一直在做自己有能力做的事,那么永远不会进步!

※ 语音动笔法

有时候,你脑中充斥着各种思路,却难以整理清楚。这时,你可以拿起手机,用语音记录下你的想法,随心所欲地表达。然后将语音转录成文字,回头看看你刚刚说了什么。

你会惊喜地发现,你竟然表达了很多不错的观点和金句。

这个过程不仅神奇,还能减轻写作压力,消除你的抵触情绪。

写作和口头表达很相似，只要你能说得出口，你就能写得出手。

你只需将自己刚刚表达的内容整理一下，就是一篇不错的文章。

※ 白纸动笔法

白纸动笔法是最简单，也是最有趣的。只需拿一张白纸随便写，哪怕你只是想到了晚上吃什么，或者某件有趣的事情、某个电影里的画面，也可以写下来。

你要相信，人类天马行空的想象力，你的任何一个想法都是巨大的宝藏，在白纸上随便画一画，思路就会不知不觉地展开。这个简单的动作，或许能够唤起你意想不到的灵感。

※ 听书动笔法

为了更好地利用时间，我会在洗漱、打扫卫生、做饭或者睡前这些零散的时间，借助听书来充实自己，每一次听书都能激发我无数的灵感。

你可以试着用这种方式进行写作，一旦听到特别吸引你的点子，不要犹豫，赶紧记录下来。等听完后，随心所欲地书写，无须过多拘泥于形式，重要的是先把脑中的想法勾勒出来。这时，其实你已经开始了创作，随着你的笔墨，灵感也会迸发而出。

※ 情绪动笔法

当人情绪高涨时，总有种想表达些什么的冲动。这个时候别犹豫，要赶紧写。

尤其是在内心充满愤怒的时刻，更值得把这股能量倾注于笔端。愤怒的时候，如果向他人倾诉，很可能会言辞激烈，之后又后悔不已。不如趁此机会，抓住怒火，开始你的创作之旅。

情绪汹涌之际，是倾吐感受的最佳时机。切记，当情绪来袭时，灵感也随之降临。

先动笔再思考，不是什么草率行为，这是一种能够解锁创意、激发灵感的好方法。从一句话开始，不要让完美成为创作的枷锁。

——写作小贴士——

如何快速动笔？6个方法让你彻底告别写作难产。
- ☐ 摘抄动笔法
- ☐ 点子动笔法
- ☐ 语音动笔法
- ☐ 白纸动笔法
- ☐ 听书动笔法
- ☐ 情绪动笔法

——课后作业——

从以上6种动笔法中，任意选择一种，开始进行练习。

第四节　重新理解刻意练习，学会精准努力

在写作的过程中，我发现很多人借着"练习"的名义暗中偷懒。这种隐秘的懒惰方式甚至让他们自己都未察觉，这是非常可怕的！

这也解释了为什么许多人表面上看起来非常刻苦地练习，但实际的成绩却不理想。

接下来的内容将帮助你重新审视刻意练习，学会精准努力，确保你所付出的每一分努力都不会白费。

051　用实战思维练习，更容易拿到结果

在协助学员修改稿件的过程中，很多人渴望我指出问题，以便能够迅速提升。然而，当我指出问题后，他们通常回复说："我暂时还没有投稿的

计划，也还没有开设自己的账号，我想从练习开始，用我自己的方式写，你觉得如何？"

写作鼓励自由发挥，我会尊重作者的意愿。

但是，我注意到99%的人在这种情况下的"练习"往往变成了"流水账"，整篇文章看上去没有结构，没有逻辑，几乎是随意拼凑的。

因此，我意识到初期的练习正是培养好习惯的时候，越是初期越要受到限制，按照规范的写作方法和技巧进行。

俗话说"台上一分钟，台下十年功"。每次的练习都是为了实战做准备！如果练习时毫无目的，那么到实战时也不可能有好成绩，练习的价值又在哪里呢？所以，在练习时就应该像实战一样，有针对性、有目的地练习。

随意练习只是在浪费自己的时间和精力。

这种观点不仅适用于写作，还适合用在生活的许多领域。

052　用市场和读者思维并行练习，更容易落地

在写作中，经常被问到："我觉得我写得很好，为什么出不了爆款文？为什么无法中稿？为什么无法获得粉丝的关注？"

我也有过这种疑惑，长时间看不到正反馈，让我很想放弃。但是，往往问题浮现时，就是答案浮现时。

没有结果的时候，我们一定要停下来去思考。盲目地精进，会让你不断地伤害自己。

练习写作时，也要练习顺应市场需求和读者需求的能力。

以现实为例，在这个快节奏的时代，人们常常陷入焦虑和困惑之中，他们渴望获得成长指南，快速解决当下的问题。然而，你却坚持不愿意分享"成长指南"，总是倾向于创作更复杂的内容。尽管这些内容写得非常好，但读者阅读起来可能会感到费力，从而放弃阅读。

雷军在2022年度的一场演讲中，讲述了自己的创业历程，里面有一段故事，对我启发很大，也让我明白，写作者往往容易陷入的误区。

1992年，金山为了抗衡微软，开发了一套新的办公软件"盘古"。

他们几乎把公司所有的家底都拿了出来，就这样干了3年时间。到了

1995年4月,"盘古"终于完工了。

闭关3年,大家就等这一天,甚至连庆功宴都已经安排好了,但是谁也没有想到产品一上市,销量惨不忍睹,雷军说当时自己的心态一下子就崩了,大家的情绪也迅速从云端跌到了谷底。

当时公司账上已没钱,很多人陆陆续续离职,该怎么办?

雷军亲自去前端做销售!第一天去站店,见到每一个进店的客户,就像见了亲人一样,特别热情地迎上去,依然一件都没有卖出去。

但是,在一线销售的过程中,他发现大家都拼命地问一个问题:"有没有计算机入门的软件?"

学计算机买本书就可以,为什么还要买个软件来教?于是,他总是不厌其烦地劝用户说:"真的没有这样的软件,你去买一本书照着学就行了。"

直到被问了无数次以后,他才恍然大悟:做一个(教程软件)不就得了吗?

说实话,这类软件跟盘古比起来,没有什么技术含量。于是,他就立刻组织团队开发了一个软件,就叫"电脑入门",快速推向市场,连广告都没做,推出以后非常畅销,立刻登上了畅销软件排行榜。

这给了雷军巨大的震撼,于是他总结出了一个道理:做产品,一定要做用户需要的产品,不要做那些看起来"高大上"的产品。只要这个产品是用户哭着喊着要的,那么销售就没有问题,特别容易。好的产品,它会自己"长脚"的。

写一篇文章如同生产一款产品,必须顺应市场和读者的需求。

市场需求的背后是人的需求。遇到问题时,不要急于指责他人,首先应该自我反思,审视自己是否带着偏见看问题,是否以狭隘的角度来判定,应该系统分析,再下结论。

同时,不要总是责怪大众品位低,视读者为无知之辈。好的内容应能启发读者,提供实际帮助,而不是高不可攀,遥不可及。

因此,从选题开始就要与市场保持一致,确保文章被市场接受。这不仅对写作有益,也能改变生活。因为频繁考虑选题会倒逼自己培养观察力。

在你做其他决策时，就会不由自主地去思考这个选择是否踩在趋势上，是否能够让你走得更好、更远。写作实际上是对思维的锻炼！

练习就要带着强烈的目的去写！既要做好不被市场接受的准备，也要有攻下心中那座山头的决心！

053　用精进思维练习，更容易提高水平

刻意练习的核心并不在于时间的长短，而是在于持续地涉足新的训练领域。

很多人错误地认为，在某个领域付出超过一万小时，就能成为这个领域的专家。于是，把刻意练习简单地认为是在一个领域投入大量时间重复训练。

大量重复训练确实是刻意练习的一部分，但刻意练习的核心并不是投入大量时间重复相同的内容，而是把所有练习内容和过程融会贯通。

《刻意练习》一书的作者把人的大脑练习区域从里到外分为3个部分：舒适区、学习区和恐慌区。

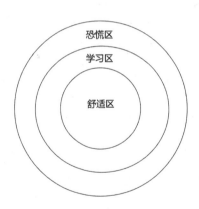

在舒适区，大脑可以自动完成任务。刻意练习的核心则在学习区。

以开车为例，初学时，你的每一个动作都需要大脑认真思考，但随着时间的推移和动作的反复，这些动作逐渐变得熟练，每一个动作都会自然而然地完成。然而，若想进一步提升驾驶技能，就不能在正常行驶状态下进行练习，因为这已经成为你的舒适区。很多人开了十几年车，可能技术还不如只有几年经验的人。

因此，刻意练习并不是时间的问题，而在于持续地挑战新的训练领

域。需要不断地从舒适区进入学习区。

在写作过程中,要不断地追求精进,避免陷入停滞,不能满足于达到某种平稳状态,而是要追求更高水平。

刻意练习与盲目努力有所不同,它需要明确的目标、详细的计划和有针对性的训练。它意味着你不仅要进行重复动作,更要思考每一个细节,不断追求更高的水平。

——写作小贴士——

重新理解刻意练习,学会精准努力。
☐ 练习就是实战
☐ 练习要尊重市场和读者需求
☐ 练习要时刻保持
☐ 练习要不断精进

第五节　重新理解写作卡点,心态比技巧更重要

如果这本书你已经看到了这里,但仍在写作路上徘徊,不妨停下脚步,审视一下内心的声音,请调整心态后再试试看!

经过观察,我发现很多人不是输在了不会写,而是输在了心态上。

054　请向前一步,行动比准备更重要

很多人难以踏出写作的第一步,主要原因是过度准备。

这是一种典型的学生思维。例如,当一个机会摆在面前时,拥有学生思维的人不是立即思考如何抓住机会,而是不断纠结于是否具备处理此事的能力,是不是需要提前学习一下,才能去承接。

在犹豫不决的时期,有能力的人已经毫不犹豫地承担了这项任务。他

们并不是做好了万全准备,而是他们愿意在实际操作中学习和克服困难,这是两者之间的区别。

我刚开始写作时,并没有掌握很多写作方法,也没有很强的写作能力。我只是拿起笔记本,从最近阅读的内容入手,写下自己的感想。我在没有做好充分准备的情况下,推动自己一步,然后在实践中逐步发现不足,并不断完善自己。

还有很多人认为写作需要大量的时间,必须在安静的环境下完成。他们以最近太忙为由,所以一直没有开始动笔。

学习并不需要太多的仪式感,也不需要过多的准备。你可以利用碎片化的时间进行阅读,可以在地铁上、排队时等这些零碎的时间开始书写。我曾在地铁上完成过许多文章,甚至有些时候灵感来了,我会直接坐在马路边,迅速用手机记录下我的想法。

不要在纠结中拉扯,这等于不断伤害自己。在大多数学习和任务中,谁能完成得更快,谁的效率更高,谁创作的内容更多、更好,谁就是赢家。

请改变过度准备的心态,大胆向前一步。

055　请相信自己,信心比能力更重要

我刚开始写作时,别提追热点了,我连微博都不会看。

所以,刚开始很多人觉得我没有网感,也没有基础,不可能写好新媒体文章。但是,我是成长最快的。

我一直坚信,写作的技巧、方法、网感、能力等都是很容易学习和提升的,只要有人拿到结果,我只需跟着有经验的人学习就可以了。

最难和最重要的是自信。为什么自信这么重要?

以我自己的经历为例,刚开始学习写作时,我是兴致勃勃的,但是在周围人看来,我简直是异想天开。

他们会用开玩笑或者为你好的方式,不断地用语言委婉告诉你:"你算什么,又没有学过,又不是专业出身,写作很难的,写作圈已经有那么多大咖了,谁看你的文章……"

一开始拿不到结果时,总是会收到负面的评价,如果你没有足够的自

信心，可能一开始就被击垮了，根本没办法迈出下一步。

学习任何一门技能，都必须经历新手期的笨拙、焦虑、迷茫、跌倒，很多人就输在了这一环节。

要做成任何一件事，都必须先有信心。现在我教你一个心法，让你能够迅速改变这种困境。

请你从现在开始告诉自己：你的语言会成为你的预言！

当你经常说"我不行""我做不到"的时候，大脑为了保持言行一致，就会让你的行为符合你的语言。

在写作咨询中，经常会被问一些问题，比如"如何写好标题？""如何写爆款？""如何写好开头？"等。

我告诉提问者方法之后，会得到一些否定的回应，比如"我做不到""我能力不够""我怕"等。

这是什么行为？

这是不断在练习拒绝、练习焦虑、练习沮丧、练习失败。

如果你每天都在练习这些心态，那么就会不断地强化它。

反之，能写好的人，其语言系统是这样的，比如"不会，我可以学！""不懂，我可以问！"

他们在练习坚毅练习强悍、练习成功！

你每天说什么，就是在练习什么，你就会成为什么。

记住：永远不要贬低自己，开玩笑也不行！从现在开始用语言改变自己。

"自信"对一名写作者而言非常重要，甚至比写作技巧、写作天分更重要。没有自信的人在写作这条路上是坚持不下去的。

正如约翰·洛克菲勒所说："信心所产生的是一种我坚信自己能够做到的态度，相信我能够做到的态度，则能产生出必备的能力、精力及技巧。"

056 请大胆尝试，经验比得失更重要

许多人看到我通过写作不断增加收入，也很渴望尝试写作。然而，经过长期观察，我发现很多人虽然对此心生羡慕，却总是口号喊得响，却迟迟不敢迈出第一步。

我非常好奇，于是询问了他们原因，得到的答案却是："如果付出了很多努力却写不出受欢迎的作品怎么办？我还是再考虑一下。"

太多人害怕付出，担心自己拿不到结果，生怕浪费时间和精力，于是反反复复纠结。

其实，反复内耗，一直犹豫，才是最大的浪费。

正是因为你有很多想做但是一直不敢尝试的事情，所以别人替你赚了那些钱。如果你不去尝试，又怎么知道是否行得通呢？每一次尝试与失败不仅是对自己的挑战，也是改变现状的机遇。

我相信技巧，也重视技巧，我也会客观地看待人与人之间的能力差异，我甚至相信写作需要一定的天赋。但我更相信，影响一个人成功与否的关键，是正确的心态和做事的态度。

正如《稻盛和夫自传》中的那句话："我认为，即使才能不够，只要具备热情，就能赶上别人。但是，有一种比才能和热情更加重要的东西，那就是心态。"

强大的力量来自好的心境和不失去动力，当你改变心态，真正专注于目标时，你会毫不犹豫地倾注时间和心力来克服遇到的难题。随着你的不断前进，这些困难将纷纷在你脚下崩塌，如同向你俯首投降。

---- 写作小贴士 ----

很多人不是输在了不会写，而是输在了心态上。

☐ 请向前一步，行动比准备更重要
☐ 请相信自己，信心比能力更重要
☐ 请大胆尝试，经验比得失更重要

将你写的文章，按照以上改稿方法进行修改。

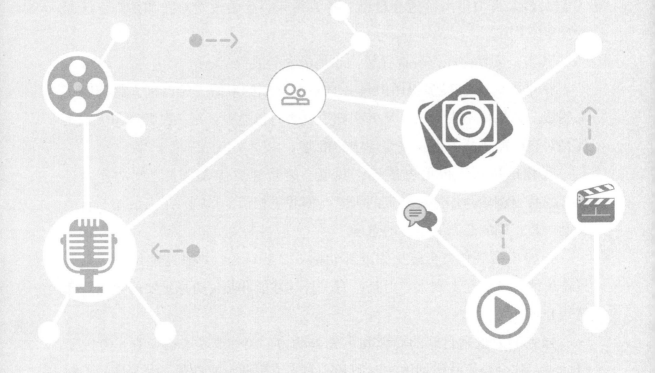

第五章

打破写作障碍,突破写作瓶颈期

第一节　飙升执行力，5种方法消灭写作拖延症

史铁生曾说："拖延的最大坏处还不是耽误，而是会使自己变得犹豫，甚至丧失信心。不管什么事，决定了，就立刻去做，这本身就能使人生机勃勃，保持一种主动和快乐的心情。"

很多人一直写不出好文章的原因，就是深陷拖延症，导致对自己丧失信心，仿佛被命运反复羞辱却毫无还手之力。导致越拖越久，状态越来越废。

057　导致写作拖延症的5种原因

写作拖延症是一种普遍存在的现象，很多人都会陷入其中。它不仅仅是技巧问题，更牵涉到心态、动机及自我管理等。

写作拖延的背后主要有以下5种原因。

- 完美主义，担心自己不够好。
- 缺乏明确的计划，不知道从何着手。
- 缺乏动力，觉得写作并不能带来实际的回报。
- 害怕得不到自己想要的结果，所以借故逃避。
- 放大困难，觉得写作很难。

这些因素交织在一起，形成了写作拖延的心理障碍。想要克服拖延症，就要一一击碎这5点因素。

058　消灭写作拖延症的5种方法

接下来分享5种很实用的方法。

※ 降低困难，只写一句话

曾有人问樊登老师："你为什么能够一直坚持读书"？

樊登老师说："读书最重要的首先是翻开，翻开很重要，大量的人不读书，是因为一直没有找到一个翻开的机会。当你翻开以后使劲把前三页看完，一旦前三页看完，这事就简单多了。"

看书最难的就是把书打开看完前两页，同理，做其他事情最难的也是"开始"这个动作。

在拖延来袭时，你可以告诉自己："只写一句话！"

用这个方法先促使自己开始，你会发现再继续下一句，已经变得不再那么难，会在不知不觉中写完一篇文章。

※ 分解任务，设定具体计划

过于高强度的目标，与目前行动力不符，最后只会变成压力，让我们愈加对自己的执行力不自信。

写作时，可以对一篇文章进行拆分，拆分到随手就能完成的程度。比如，设定一周写一篇的目标，紧接着分解成第一天找选题，第二天搭设框架，第三天寻找素材……

将庞大的写作任务分解成小块，每次集中精力完成一个小目标。这样不仅能减轻压力，还能让你感受到进步，激发继续写作的动力。

坚持做这些看似琐碎又容易完成的事情，久而久之就能养成好习惯，当好习惯渐渐替代了坏习惯的时候，想拖延都难。

※ 设定时间，提高生产力

截止日期是最大的生产力！

拖延有时是因为没有时间限制，总觉得时间充足可以慢慢来，不知不觉陷入了懈怠、遗忘、拖延的恶性循环。

设定时间限制，迫使自己在规定的时间内完成一定量的写作。这样能够避免进入无限制地拖延状态，提高效率。

所以，必须给自己设置限制时间！

※ 寻找写友，增强写作动力

寻找一些志同道合的作者朋友，建立起自己的作者圈子，不仅可以交流写作心得，互相学习，还能互相监督打卡。这个方法已经被很多作者视为克服拖延最有效的方法。

具体可以参考以下4个方法。

➢ 找一个伙伴比拼写作，激发你的胜负欲。

➢ 写稿期多看作家传记，看看他们是怎么克服拖延的，以此激励自己。

➢ 找一个实际生活中比你勤快的榜样，让他给你注入动力。

➢ 加入写作社群，在规定的时间内完不成任务就发红包或者出群。

通过这些方式，来削弱人性的弱点，刺激自己的行动力。

※ 切换环境，促进自己行动

人之所以懒散，很大程度是看到了周围的人懒散；人之所以奋进，很大程度是看到了周围的人奋进。

这背后的科学原理在于镜像神经元。

我们的大脑中存在镜像神经元，它会让我们无意识地模仿身边的人和事，所以当我们看到周围的人和事时，会不自觉地学着做。

比如，当你在家办公时，入目的都是熟悉的人和物，家人是让你放松的，沙发是让你躺的，床是用来睡觉的，总之，哪儿都释放着"放松吧"的气息，投射到你的大脑里，你就不会行动。

相反的，在公司、书吧、图书馆等，你看见的人都是正襟危坐的，或是一脸严肃地坐在电脑前噼里啪啦地敲字，信号传到脑子里的是"努力吧"，这些都会促进你行动。

所以，我们可以借助环境的力量，写作时，尽量在图书馆、书吧等这种环境下进行。

其实，大部分人都有写作拖延的困扰，这种状态再正常不过了，这绝对不是你的问题！我们要做的是及时地打破写作拖延的魔咒，让自己养成好的习惯。通过以上5种方法，不断地调整自己的状态，相信你一定能够从拖延的沼泽中走出来。

---写作小贴士---

5种方法有效克服写作拖延症的问题。

☐ 降低困难，只写一句话
☐ 分解任务，设定具体计划
☐ 设定时间，提高生产力
☐ 寻找写友，增强写作动力
☐ 切换环境，促进自己行动

第二节 激活灵感源，3种方法持续写出好文章

在写作的道路上，我们可能都会遇到一个共同的挑战：灵感枯竭。

感觉大脑一片空白，对着题目发愣，思维似乎停滞，甚至心情烦躁。我也遇到过这种情况，有时在电脑前坐两小时也写不出一个字。后来，随着每天坚持，情况逐渐好转。

当我们感觉灵感枯竭时，如何持续写出优质文章呢？分享3种方法，让你拥有源源不断的灵感。

059 纪律写作法，让灵感追着你跑

据说，有人问毛姆："你写作是按照计划写，还是受灵感驱动，什么时候有灵感就什么时候写？"

毛姆回答："我只在灵感来的时候才动手写作。不过很幸运，这个灵感每天早上9点钟都会准时到来。"

这句话听起来像是一句俏皮话，其实说出了灵感和纪律之间的关系。有纪律，形成了习惯，就有灵感，而不是为了等灵感就可以破坏纪律。

所以说，灵感是遵守纪律的结果，而很多人则把灵感当成破坏纪律的理由。

当我们写作的时候，可以给自己设定固定的时间。比如，我每天早上

5点起来写作，这个时候就会习惯性地调动自己的神经，快速地汇聚写作的思路。

刚开始有点吃力，但是时间长了，会习惯性地在这个时间思考，灵感真的就会在这个时间段如期而至。

大脑好比一台听话的机器，你怎么培养它，它就会怎样配合你。

请你务必根据自己的习惯，来设定每天固定写作的时间。

060 导图写作法，让你拥有写不完的选题

思维导图是一个能够不断激活灵感的好方法。我们可以根据自己的定位，进行分支，然后一点点地去填充内容。

比如，我做小红书的时候，会画一张整体的思维导图，以后写的时候，只要拿出来自己画的思维导图，就能源源不断地激活灵感。如下图所示就是我画的思维导图。

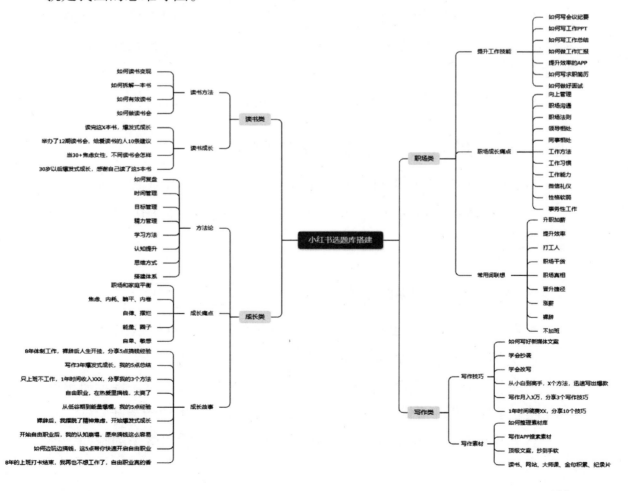

这张思维导图好比我绘制的一张地图，让我不会跑错道，迷茫时找到路线和方向。

紧接着我会对每个分支再进行细分，这里截取"职场定位"的细节图作为案例，进行展示说明。

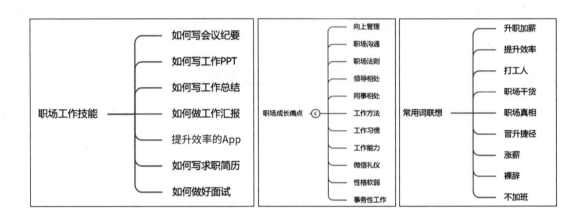

当画好这些思维导图的时候，就不会再害怕没有选题可写，同时因为有了大概的框架，会促进我在生活和工作中，无意识地去留意这些事，从而更加有创作力。

灵感，与其说是等来的，不如说是自己精心策划出来的。

061　五问写作法，引爆你脑海中的灵感库

最好的灵感一定是来自于每天的生活的，如果你不知道如何从生活中寻找灵感，可以通过以下五问，不仅能激活灵感，还能让你活得越来越清醒。

※ 第一问：今天最触动你的点是什么？

最触动你的瞬间，会在你内心留下深刻的印记。审视这些感动的瞬间，思考为何它们能如此触动你，并将这些感悟记录下来。

举个例子，今天你在公园遇到一个孩子快乐地追逐风筝，这个简单的场景唤起了你童年的记忆，让你深刻思考时间的流转和生命的美好。

你就可以把这个触动点快速写下来。生活中这些看似微小的瞬间，能

引发思考的连锁反应，成为你写作灵感的源泉。还能从细枝末节中培养你的思考能力。

※ 第二问：今天让你最深刻的反思是什么？

我建立了一个"人生指南本"，本来是用来记录自己的日常反思，避免重复犯错的。但是，后来我发现这个本子竟然成为了我的灵感库。

例如，在一次工作中遇到了难以解决的问题，通过反思和复盘，我发现问题的本质在于沟通能力不足，导致反复修改，于是我把它写下来，分析如何在未来更好地应对类似情况。

这种积极的反思和记录，成了我的成长宝库，为我的未来提供指引。写作的时候，也会成为我的素材和灵感源。

※ 第三问：今天读书有什么启发？

在我给自己制订的日计划中，有一项雷打不动的任务，那就是每天读书30分钟。

每天阅读后，我会快速写出自己的感受，且规定不能少于200字。刚开始写不出来，后来越写越多。

一周下来，积累起来就是一篇长文，还可以拿去投稿。

同时，这个过程，让我更好地吸收了书中的知识，锻炼了我的思考力，从书中看到不同的活法，看待事情的角度更维度，多了一份包容和理解，少了一份傲慢和偏见。

这种方式其实是追着灵感跑，而不再是等待灵感眷顾。

※ 第四问：今天和他人聊了些什么？

想要长期创作，一定要多和不同的人聊天。

比如打出租车，你可以和司机师傅聊天，但这种聊天不是一上来就打听对方的隐私，要先从对方感兴趣的话题聊起。比如谈谈家人、孩子等。通过这种聊家常的形式打开话题，对方通常会非常愿意聊。

放松又随意的聊天模式，会在不经意间得到很多灵感。因为，写作本就是写生活，是从不同的生命状态中找启发。

※ 第五问：今天的时间去哪儿了？

每天晚上睡觉前，我都会问自己，时间过得这么快，我都用来做什么了？

如果今天一点有趣的事情都没有发生，或者一句感悟都没有，说明这一天白过了。我会刻意在第二天规划一些有趣的事情，或者和平时不同的事情，以此来调节生活，这样我每天都会有新的体验和感悟。

多体验不同的东西，多突破人生的边界，你才会觉得生命是鲜活的，当你的生活不再是枯燥的、乏味的、重复的、机械的以后，你的灵感也自然不会缺少。

所谓不同，并不是要你每天去做多么大的事，而是打破常规。比如，经常写公众号的文章，可以去研究一下小红书；经常看工具书，可以尝试去看一下历史书；从来没有看过舞台剧，可以去看一场；从来没有参加过演讲比赛，去勇敢地登台一次……

通过这种方式，不断地扩宽生命的宽度，汲取更多的生活灵感。

以上五问，是我每天会问自己的，别小看这些问题，每一问都像一根引线，引爆你脑海中的灵感库。每天只要写出一问，就足够你进行创作了。

灵感枯竭是正常的，但并不是无法克服的障碍。我认为灵感枯竭，不是黔驴技穷，更不是阻碍。而是在提醒我，过去已经被用完，需要我更新自己的生活，去迎接更多有趣的事，去见更多有趣的人，去迎来更精彩的生活，然后再把这些变成文字，去启发和帮助更多人，创造更大的价值。

——写作小贴士——

3种方法，让你拥有源源不断的灵感。

☐ 纪律写作法
☐ 导图写作法
☐ 五问写作法

第三节　突破卡壳点，3种方法快速摆脱瓶颈期

不管是普通的写作者，还是一流的作家，在日常写作中都难免会遇到写作瓶颈期，我也遇到过很多次写作瓶颈。想进一步提高却总是无法前进，尝试了各种方法却更加写不出来。

写作瓶颈期来临的时候，该怎样去顺利度过呢？下面分享3个超实用的方法，让你稳步向前。

062　阅读抄写法，沉浸式学习与吸收

抄写法不仅是一种技巧，更是一种沉浸式的学习与吸收过程，能够为你的创作注入新的活力。

※ 第一步：阅读

越是在遇到瓶颈期的时候，越要疯狂阅读。

如何进行有效阅读？

首先选择你感兴趣的主题文章，每天阅读3～5篇爆款文章。这样你可以了解不同作者的写作风格，逐渐培养自己的写作语感。同时，这样的阅读方式，可以总结出不同作者写爆款的共同点，让你更好、更快从中看到自己的不足。

其次，要阅读认知类书籍，提升自身的认知水平。写作需要有独特的观点，如果你的认知不足会导致文章观点不够鲜明。因此，通过这样的阅读方式可以弥补自身的认知不足，写出更犀利的观点。

※ 第二步：抄写

完成第一步之后，要紧接着进行第二步：抄写！

抄写是磨炼文笔的一种高效的方法。

在阅读中，遇到精彩的句子或者段落，我都会一字一句地抄写下来。甚至会专门准备一个金句本、标题本、段落本，来进行分类抄写。

可能很多人会不理解，现在电脑记录这么方便，为什么还要费力抄写呢？

两者之间是有本质区别的！

很多时候，我们看完一本书或者一篇文章马上就忘记了，本质原因就是得到的太轻松了。复制与粘贴远不如手抄来得深刻，当你一遍又一遍地抄写时，会加深记忆，还会不自觉地剖析句子的优点，这是匆匆复制与粘贴无法带来的体验。

因此，每天抽出一些时间，静下心来，抄写那些优美的词句。你将惊喜地发现，这样的坚持能够带来意想不到的收获，也会让你的心更静，消除浮躁。

写作遇到瓶颈，不再是单纯的技巧问题，因为你已经掌握了技巧。现在需要的是深度思考和精进，要在慢下来的过程中深入思考和内化，才能够真正突破写作障碍，创作出更出色的作品。

063 背诵默写法，创作出更出色的作品

背诵默写法是一种非常实用的方法，即便是小学生写作也能从中受益。这个方法非常简单，我曾经用这种方法来多次突破瓶颈。

※ 第一步：背诵

找一篇你最喜欢的范文，认真阅读至少5遍，然后尝试背诵。为了更快地背诵，你可以简单记录文章的大致结构，然后按照结构背诵。

※ 第二步：默写

接下来，尝试将刚才的范文默写下来。请注意，是"默写"，不是"仿写"。就像小时候背诵语文课文一样，你要默写的内容与原文一致。如果遇到不记得的部分，不要看原文，像考试一样，根据模糊的记忆和理解，用自己的语言填写。

※ 第三步：对比

完成默写后，将你默写的内容与范文进行对比，找出其中的差距。仔细思考范文的遣词造句，思考它的优点是什么，这时候就是突破的关键了，进步就是从这儿来的。

※ 第四步：重复

如果你发现自己默写的内容与范文差距较大，不妨多默写几遍。当你感觉进步后，可以换一篇范文继续练习。

这种方法也可以称为"富兰克林写作法"。

《富兰克林自传》中提到，当富兰克林偶然看到《旁观者》这份报纸的时候，觉得文笔优美，他希望自己也能写出如此优美的文字，于是他开始寻找方法。

先选几篇优秀的文章，用自己的话写一遍，对比自己写的内容和原文的差异，然后做出修改，快速提升了写作能力。

这种好用的方法，一定要学为己用。

064 放慢写作法，为深度创作奠定基础

在你遇到瓶颈时，可以适当减缓写作的速度。如果之前每天写一篇文章，现在可以尝试每周一篇，给自己一个过渡期。

此时，慢下来有助于缓解紧张情绪和焦虑感。适当的休息和调整可以使思维更清晰，为更深入的创作奠定基础。

但切记不能因此停止写作。停止意味着失去了继续前行的机会，也可能让我们陷入写作的拖延循环中。当我们停下来后，重新开始往往会变得更加困难，因为重新进入创作状态需要付出更多的精力和时间。

当进入写作瓶颈期以后，请不要怀疑自己。瓶颈期在每个写作者的生涯中都会出现，而且可能会出现不止一次。努力去寻求突破口，就一定可以走出来的。

最后，分享一句话，与大家共勉：在任何领域，了解的人可能占90%，熟悉的人可能占70%，开始行动的人可能只有50%，而坚持不懈的人可能只

有20%。然而，真正获得成果的往往是坚持不懈的那20%。愿我们都能熬过瓶颈期，成为那20%的人。

——写作小贴士——

3种方法，快速度过写作瓶颈期。
- ☐ 阅读抄写法
- ☐ 背诵默写法
- ☐ 放慢写作法

第四节　高效助力，借用AI 10倍提升写作速度

现在谈到写作，已经绕不开AI（人工智能），它为我们写作提供了无限的可能，用好AI可以10倍提升写作速度。接下来会详细介绍如何利用AI快速写作。

在开始讲述AI写作之前，要先明确一点，AI不是要代替人类创作，而是要成为你的得力助手，为你的写作注入更多活力和效率。

065　借助AI，快速完成一篇文章

AI可以帮助我们更快速地完成一篇文章，只需对它发出指令，它就能给我们提供思路。

举个例子，你现在要写一篇小红书笔记，该如何展开呢？

不管写什么类型的文章，第一步是找选题，选题找对了，就成功了一半。过去我们找选题，可能会去各大平台采集爆款数据，现在找爆款选题，可以直接借助AI。

发出指令：推荐10个小红书笔记热门话题。

AI很快会给提供选题，如下图所示。

> 当涉及小红书（Red）的热门话题时，因为时间的推移，具体的热门话题可能会变化。以下是一些可能在小红书上仍然受欢迎的笔记热门话题。
>
> 1. **美妆教程与心得分享**：关于化妆技巧、护肤心得、美甲教程等方面的分享，以及对不同产品的使用评价。
> 2. **时尚穿搭和购物分享**：展示潮流穿搭、配饰搭配、淘宝/拼多多购物心得，以及个人时尚品味。
> 3. **健康生活与运动计划**：分享健康饮食、锻炼计划、瑜伽、跑步等方式来保持健康的生活方式。
> 4. **旅行经验和攻略**：分享旅行的经历、景点推荐、美食体验，还有行程规划技巧。
> 5. **美食制作与分享**：介绍各类美食的制作过程、食材搭配，以及美食摄影和用餐心得。
> 6. **家居装饰与DIY**：分享家居装饰灵感、家居布置技巧，以及自制小物件的过程。
> 7. **文化艺术与书籍推荐**：分享书籍阅读心得、电影观后感、音乐推荐，以及艺术展览等文化活动。
> 8. **情感心理与生活感悟**：分享个人情感经历、心理成长，以及对人际关系、生活态度的思考。
> 9. **母婴育儿心得**：分享育儿经验、宝宝护理方法、玩具推荐等。
> 10. **学习方法与职场建议**：分享学习技巧、职场心得，以及对于进修、职业发展的建议。

根据AI提供的热门话题，你可以选择感兴趣的领域。如果没有你要找的领域，可以发出指令"再列举10个"，AI就会再帮你推荐。

接下来可以在大的类别下，让AI列出一些子主题。比如，选择第10个话题中的职场建议。

发出指令：关于职场建议，给我提供10个爆款主题。

AI提供的内容如下图所示。

> 当涉及职场建议的话题时，以下是可能吸引用户的10个爆款主题。
>
> 1. **成功职场的秘诀**：分享在职场中建立良好的交互、合作的策略。
> 2. **职场沟通技巧大揭秘**：介绍在职场中有效沟通、表达的关键技巧。
> 3. **职业发展规划与目标设定**：提供关于制定职业目标、规划发展路径以及实现职业目标的建议。
> 4. **提升与升职攻略**：分享如何在职场中奋斗，提升自己的竞争力和职位。
> 5. **职业压力管理与工作生活平衡**：探讨如何有效缓解职业压力，保持工作与生活的平衡。
> 6. **有效时间管理策略**：介绍高效管理时间、设置优先事项和提升工作效率的方法。
> 7. **面试与求职技巧指南**：分享在求职过程中的面试技巧、简历优化技巧和面试前的准备。
> 8. **新领导者的成功之道**：探讨新晋领导者如何建立领导力、管理团队和实现目标。
> 9. **职场冲突解决与冲突管理**：提供处理职场冲突、解决问题和维护合作的方法。
> 10. **创业与副业的实践心得**：分享在创业或副业中的经验，包括平衡主职和副业的技巧。
>
> 这些话题覆盖了从职业规划到沟通技巧的多个方面，可以帮助用户在职场中取得更好的成就。选择一个或多个与您经验相关的话题，并为用户提供实用、具体的建议，帮助他们在职场上更加成功和获得成就感。

你可以根据AI提供的内容，到小红书平台进行搜索，更好地结合实际进行创作。

借助AI写作，需要我们不断地发出对应指令，让问题更加精准，它可以进行多轮对话，直到问到自己想要的答案。

按照上述方式，你可以按照写一篇文章的思路不断对AI发出指令，就可以快速地完成一篇文章了。

注意，虽然AI能帮我们快速写文章，但是你依然要先学习前面章节的内容，扎扎实实学好新媒体文案的写作方法，知道该如何做选题、如何搭框架、如何有逻辑地写内容等。否则，你面对AI这个强大的工具，根本不知道如何正确发出指令，只会陷入窘境。

066 借助AI，快速润色和重写文章

当一篇文章完成后，你对此不满意，可以借助AI，对已有的文章进行润色和重写，让它更加流畅和吸引人。

举个例子。

原文：因为一点小情绪就全天不在状态，是一件特别亏的事。调节自己的情绪，我认为特别有用的方法就是，认清我们的情绪——反映的是我们的需求，我们调节情绪需要做的只是满足自己的需求。比如：当你感到焦虑的时候，是因为你缺乏对生活的掌控，立即行动起来就好了；当你感到颓废的时候，你需要的是价值感，可以去尝试新事物，挖掘自己的新优势。当我们情绪不好的时候，利用这个方法可以将你从第一视角抽离出来，用第三视角去观察自己情绪的变化，并迅速给出解决方案。这个方法让情绪有了新的出口，这样我们就是减少了在没有意义的地方浪费情绪的情况。

发出指令：按照小红书的书写风格，改写上述文案，使句子更加简洁、流畅。

生成的文章如下：

> 情绪影响全天状态，太亏了！
>
> 调节情绪，我觉得有一个特别有效的方法，就是认清我们情绪背后的需求，并满足它。
>
> 举个例子，当你焦虑时，可能是缺乏对生活的掌控，那就立即行动起来；当你感到颓废时，可能是缺乏价值感，那就尝试新事物，挖掘新优势。
>
> 这个方法让我在情绪低落时，能够从第一视角抽离出来，用第三视角观察自己情绪的变化，并快速找到解决方案。
>
> 这样情绪有了新的出口，就减少了在无意义的事情上浪费情绪的情况。这真是太有用了！

经过AI润色的文章，语句更加流畅，表达更加清晰，大大提升了写作质量。

有了AI这个写作助手，当我们有思路的时候，可以先不考虑语句的描述问题，随着意识流把想法写出来，只要意思表述清楚，让AI来帮我们梳理，很快就能得到一篇不错的文章。

还记得前面的"语音动笔法"吗？把你的想法说出来，转换成文字，这个时候借AI来帮助你写作，效率10倍猛增。

067　借助AI，快速检查文章内容

AI拥有强大的语法和拼写检查功能，能够帮助我们迅速捕捉文章中的错误，提升文章质量。

发出指令：帮我检查下列/上述文章中的错别字和语法，修改后重新生成。（生成内容不再赘述，可以在写作时直接操作。）

发出指令后，即可重新生成，大大减少了我们一字一句纠正错别字的烦恼。

068　借助AI，不断激活写作灵感

AI写作助手可以为我们提供丰富的创意。通过输入关键词或主题，AI可以生成开头、中间段落甚至是结尾，为你提供思路的灵感。

发出指令：你现在是一名拥有10万粉丝的博主，现在要写一篇题为《如何做到自律》的文章，你会如何写？

生成的文章如下图所示。

> 你现在是一位拥有10万粉丝的博主，现在要写一篇题为《如何实现自律》的文章，你会如何写？
>
> ✨ 小红书笔记 | 自律的秘诀：打造高效生活方式 💪 ✨
>
> 你好，亲爱的小伙伴们！作为一个与你们一样追求提升的人，今天我要和大家分享一些关于实现自律的实用方法。无论是职场还是生活，自律都是开启大门的金入口，让我们一起探讨如何构建高效的生活方式吧！
>
> ⏰ 1.制定明确的目标
> 自律的基础是明确的目标。无论是长期目标还是短期目标，都需要具体明确。制定SMART目标（具体、简单、可实现、有时限），帮助你更明确地规划行动步骤。
>
> 📋 2.设定优先任务清单
> 每天开始前，列出当天要完成的任务清单，将重要且紧急的任务放在前面。通过设定优先级，避免琐碎事情占用过多时间。
>
> ⏱ 3.使用时间管理工具
> 尝试使用时间管理工具，如高效番茄钟法（将工作划分为两个时间段，25分钟工作，之后休息5分钟），番茄工作技巧，帮助你集中精力工作。
>
> 📅 4.制订时间计划
> 每周初制定时间计划，安排每天的工作和休息时间。留出弹性时间应对突发情况，同时避免过度安排。
>
> 💤 5.培养规律作息
> 保持规律的作息，早睡早起，有助于提升精力和效率，充足的睡眠和休息能够帮助你保持注意力。
>
> 🏃 6.健康生活习惯
> 养成健康的生活习惯，均衡饮食、规律运动，保持身体健康。健康的身体状态有助于提升工作效率和创造力。
>
> 🏋 7.克服困难
> 制订计划后，坚决执行，克服困难。你可以设定倒计时，限制某项任务的时间，以此集中自己的注意力。
>
> 💡 8.奖惩机制激励
> 设立奖惩机制，为自己设定奖励，激励自己按时完成任务。同时，惩罚机制带来的影响，也能激励你更好地自律。
>
> 📖 9.持续学习成长
> 保持对新知识的渴求，持续学习。学习不仅可以丰富你的思维，还能激发自律的动力。

> 👥 **10. 与人互助共勉**
> 找到志同道合的朋友或同事，相互监督和鼓励，分享自己的目标和进展，共同成长。
>
> 自律是一项需要坚持和耐心的修行，不要急于求成。你可以从小目标开始，逐渐培养自己的自律能力。每一步的努力都是通往成功的一大步，不论遇到多大的挑战，都要相信自己，坚持下去！
>
> #自律力 #高效生活 #职场提升 #小红书笔记 #共同成长

当AI生成文章，给我们提供了基本的思路和框架以后，我们只需挑选最合适的，再加入实际生活中的例子即可。

如果你对以上内容不是很满意，可以输入自己的要求，再次发出相关指令，让AI重新写。如：围绕"自律"这个选题，搭设文章的框架；围绕"自律"写一篇1000字文章，要求用故事引入，在开头和结尾加入金句等。

发出的指令不同，得到的内容就会不同，如下图所示。

> 我现在想写一篇关于自律的文章，给我提供思路。
>
> 当写一篇关于自律的文章时，可以从以下思路入手，帮助你构建一个有深度、底层的内容。
>
> 1. **引入**
>   - 引用一句有关自律的名言或格言，吸引读者的注意力。
>   - 提出一个引人深思的问题，例如："你通常感到自己缺乏自律吗？"
> 2. **自律的定义和重要性**
>   - 简要介绍自律的概念，说明它在个人和职业生活中的重要性。
>   - 引用研究或案例，说明自律对实现目标和成功的影响。
> 3. **挑战与障碍**
>   - 探讨实现自律的困难和挑战，如难题、缺乏动力等。
>   - 分析可能的原因，例如心理因素、环境影响等。
> 4. **建立自律的方法和技巧**
>   - 列举一些实用的方法，例如制定明确的目标、制定优先任务清单等。
>   - 分别介绍这些方法的优势和适用场景，可获取专家意见或科学研究结果。
> 5. **养成自律的习惯**
>   - 引导读者理解养成自律习惯的重要性。
>   - 提供一些实际的例子，如早起、锻炼、学习等，说明如何在日常生活中培养自律。

> 6. **自律的影响**
>   - 探讨自律对个人成长、职业发展和生活质量的积极影响。
>   - 说明自律如何帮助人们实现目标、克服困难、提高做事效率。
> 7. **克服困难的故事**
>   - 讲述一位成功人士或名人如何克服自己的困难，通过自律实现突破。
>   - 这个故事可以增加文章的情感和吸引力。
> 8. **实际操作建议**
>   - 为读者提供一些具体的实际操作建议，例如如何制定目标、如何规划时间等。
>   - 引导读者思考如何将这些建议应用到自己的生活中。
> 9. **自律的持续性**
>   - 强调自律不是一次的事情，而是一个持续的过程。
>   - 提供一些建议，如何保持动力、克服逆境等，以维持长期的自律。
> 10. **总结与鼓励**
>   - 总结文章主要观点，再次强调自律的重要性。
>   - 以鼓励的语气结束，激励读者开始实践自律，迈向更好的未来。
>
> 通过以上思路，你可以构建一篇完整且有深度的关于自律的文章，让读者在阅读后获得有价值的启发和建议。

AI在各个写作阶段都能够帮我们节省时间，从创意激发到文章润色，通过AI提供的内容，在进行创作时，难度就会降低，思路也会越来越多。

作为写作者，我们的创意和人类独特的情感仍然是不可替代的。因此，要将AI与人工写作相结合，发挥双方的优势。让写作变得更加高效、富有创意。

——写作小贴士——

效率低下，用AI可以10倍提升写作速度。

☐ 发布写作指令，快速完成一篇文章。
☐ 借助AI，对文章进行润色和重写。
☐ 借助AI，对语法和拼写进行检查。
☐ 借助AI，不断激活写作灵感。

第五节　信息淘金，借用 AI 轻松创作优质内容

在信息爆炸时代，我们每天都面对着海量的信息，且同质化问题严重，以至于人们对AI发出指令，所得到的回应也呈现出千篇一律的内容。如何撰写一篇高质量的文章，成为一项极具挑战性的任务。

通过以下两种方法，可以让AI创作出符合我们期望的内容，吸引读者的注意力。

069　教会 AI 写作方法，3 步写出爆款文

借助AI的独特优势，将学习与创作相结合，就像将写作方法传授给一个虚拟的学霸，AI能够迅速吸收并熟练运用写作技巧，从而轻松创作出优质内容。

※ 第一步：定身份 + 学方法

根据自己的创作要求，先给AI设定身份，让它开始学习。

发出指令：我需要你扮演一名专业的小红书博主，我会以"请学习"为开头，教你写标题的技巧，如果你学会了，回复我"学会了"。在我给你传授完技巧后，我会以"请根据以下内容帮我写个标题"为开头，给你一份我要在小红书上发布的内容，请你根据你学到知识，帮我写5个标题。OK吗？如果OK，请回复"好的，没问题，我已经准备好学习新知识，并且会在学习后根据你提供的正文内容帮你写标题。"

> 我需要你扮演一名专业的小红书博主，我会以"请学习"为开头，教你写标题的技巧，如果你学会了，回复我"学会了"。在我给你传授完技巧后，我会以"请根据以下内容帮我写个标题"为开头，给你一份我要在小红书上发布的内容，请你根据你学到知识，帮我写5个标题。OK吗？如果OK，请回复"好的，没问题，我已经准备好学习新知识，并且会在学习后根据你提供的正文内容帮你写标题。"
>
> 好的，没问题。我已经准备好学习新知识，并且会在学习后根据你提供的正文内容帮你写标题。请学习，我随时候命。

得到上述回答后，即可开始教AI写作方法。直接把第二章第七节写标题的方法教给AI即可。

※ 第二步：学案例 + 总结 + 输出

紧接着让AI学习真实案例，找10篇爆款文的标题，输入给AI，让它更准确地理解你的需求，更好地进行创作。

发出指令：接下来我给你提供爆款文的标题库，请你总结这些标题吸引人的特点，并且学会举一反三，为别的内容写标题，请学习总结。

AI学习完毕后，输入准备好的文案，让它帮你写标题。

发出指令：请根据以上内容帮我写5个标题。

> 正文内容：
> 最近，我在家里尝试了一种全新的烹饪方法，简直颠覆了我对料理的认知！以前我总是觉得做饭是件烦琐的事，但是通过这个方法，不仅节省了我大量的时间，而且还让我爱上了厨房。我忍不住想要和大家分享这个经验，因为我相信每个人都可以从中受益。不管你是厨房新手还是经验丰富的料理大师，这个方法都会让你刮目相看！
>
> 请根据以上内容帮我写5个标题

> 当然，请看以下为您写的5个可能的标题。
>
> 1. 厨房新手也能轻松成为料理大师：我尝试的全新烹饪方法揭秘！
> 2. 颠覆传统！省时又美味的烹饪方法，让你瞬间爱上厨房！
> 3. 从烦琐到简单：我用这个方法让料理成为一种享受！
> 4. 不再是负担！尝试这个烹饪方法，让做饭变成一种乐趣！
> 5. 料理新境界：用全新方法让你重新认识厨房的魅力！
>
> 这些标题结合了前面所学的标题技巧，强调了实用性、问题解决、转变经验、对比和情感激活等元素，旨在吸引读者的兴趣，并激发他们想要阅读更多的欲望。您可以根据这些示例，根据您的实际需要进行微调或选择一个最适合的标题。

※ 第三步：做补充 + 再优化 + 出结果

如果对上述输出的标题感到不满意，可以补充要求，对标题进行优化。第二章第七节提供了一些爆款词，可以输入给AI，让它对标题进行优化。

发出指令：你写得很棒，但有两个要求需要你补充，请按照下面的要求修改。

第一、标题字数控制在20字以内

第二、从下面20个爆款关键词中选取1~2个，穿插到标题中。

> 你写得很棒，但有两个要求需要你补充，请按照下面的要求修改。
> 第一、标题字数控制在20字以内。
> 第二、从下面20个爆款关键词中选取1~2个，穿插到标题中。
> 揭秘：引发好奇心，揭开某个秘密或不为人知的事实。
> 绝密：让读者产生兴趣，想要了解内幕信息。
> 最新：吸引那些追求时事的读者，表明你的内容是最新的。
> 突破：传达创新和突破性内容，让读者想了解更多。
> 必读：暗示读者不容错过的重要内容。
> 震撼：表明内容具有震撼性，引发读者的兴趣。
> 曝光：传达揭露真相或新信息的意图。
> 创新：表明内容有新颖的观点或方法。
> 零基础：承诺内容适用于零基础的读者，引发兴趣。
> 成功秘诀：承诺分享成功的方法和策略。
> 实用技巧：强调内容对读者生活的实际帮助。
> 专家解析：展示专家观点和解读，增加可信度。
> 不可错过：强调内容的独特和吸引力。
> 引人深思：传达的内容会引发读者的思考和探讨。
> 精准指南：传达的内容是详细和实用的指南，满足读者需求。
> 轻松掌握：暗示该内容会使学习或实践变得轻松。
> 未来趋势：表达此内容会预测未来发展趋势，吸引关注未来的读者。
> 高效工具：强调该内容会介绍高效的工具或方法。
> 拉开差距：强调该内容会提供可以让你快速成长的方法。
> 永远不要：强调不要犯下某个错误或行为，以避免潜在的问题和后果。

AI马上学习完毕，会按照要求，重新输出。

> 当然，我可以根据您的要求进行修改。以下是满足您要求的标题，每个标题都控制在20个字以内，并且穿插了您提供的爆款关键词。
>
> 1. 突破传统，必读实用技巧，让你轻松掌握料理制作！
> 2. 揭秘烹饪绝密，实用技巧带你突破厨艺瓶颈！
> 3. 未来趋势：创新料理绝密，轻松掌握高效工具！
> 4. 绝密烹饪技巧曝光，揭秘成功秘诀，不可错过！
> 5. 零基础也能成为料理大师，高效实用技巧揭秘！
>
> 这些标题结合了20个爆款关键词中的一些元素，以吸引读者的兴趣，并强调了实用性、突破、揭秘和成功秘诀等方面的内容。您可以根据需要选择其中一个或根据这些示例进行微调，以便最好地吸引读者的注意力。

如果觉得还是不够好，继续发出指令："再写5个，让标题语句更加流畅、更有吸引力。"AI会继续迭代。

> 再写5个，让标题语句更加流畅、更有吸引力。
>
> 当然，请看以下为您写的语句更加流畅和有吸引力的5个标题。
>
> 1. 绝密料理技巧揭秘：突破烦琐步骤，让你轻松成为料理大师！
> 2. 最新料理突破：实用技巧曝光，成就引人深思的美味佳肴！
> 3. 创新烹饪绝技，引爆未来趋势！从零基础到高手！
> 4. 必读料理秘籍：高效工具解析，引领成功烹饪之路的秘诀！
> 5. 揭秘料理进阶，绝密技巧震撼曝光！从此料理不再是难题！
>
> 这些标题在语句流畅性和吸引力方面进行了优化，同时穿插了前面提到的关键词，以确保标题引发读者的兴趣并激发他们的好奇心。您可以选择其中一个或根据这些示例进行进一步的调整，以便最好地满足您的需求。

通过这样的方式，AI就能够精准抓取你想要的信息，输出更优质的内容。

上述是以"写标题"为例，让你在写文章的时候，可以举一反三，应用到写开头、结尾、素材等方面，先让AI学习，再给出具体的要求，即可快速生成一篇高质量文章。

070 教会AI分析范文，3步创作同款优质内容

除了让AI学习方法论，还可以给它范文，让它分析和拆解范文，自行总结方法论，模仿范文来创作。

※ 第一步：指派任务

给AI指派任务，让它来分析文章，并总结出其中的特点。

发出指令：你现在是一名专业的小红书文案顾问，接下来我会提供给你两篇相同领域的小红书笔记进行学习，请你总结以下几点。

> 你现在是一名专业的小红书文案顾问，接下来我会提供给你2篇相同领域的小红书笔记进行学习，请你总结以下几点。
> 1、笔记讲了什么内容？
> 2、笔记的目标人群是谁？
> 3、笔记解决了目标人群的什么问题？
> 4、笔记涵盖了哪些知识点？
> 如果你明白我的意思，请回复：
> 1.接下来你需要做的任务，2.你会以怎样更好的方式完成这项任务。
>
> 明白你的意思了！请提供两篇相同领域的小红书笔记，我会根据你提供的内容进行总结回答。然后你可以提出以下问题。
> 1. 接下来你需要做的任务是什么？
> 2. 你会以怎样更好的方式完成这项任务？

※ 第二步：投喂范文，总结特点

找两篇爆款文，直接将其复制粘贴给AI。

AI会根据你的要求，进行总结，且会总结两篇的共同点。

> 第一篇：
> 7条职场真相🉑每天一遍防止emo
> 每当在职场中焦虑迷茫的时候，我都会重温下杨天真老师的一些职场经典发言拍醒自己!!真的是人间清醒。
>
> 1⃣不要在意老板喜不喜欢你。
> 你和老板是雇佣关系，不是恋爱关系，雇佣关系的基础是互相需要，不是互相喜欢。老板不喜欢你，大概率是一个新员工的误解，不喜欢只是一个人的主观感受。职场，它不是一部偶像剧，老板在意的东西只有工作结果。
>
> 2⃣不要把时间浪费在没有价值的事情上。
> 将所有时间花在自己身上，当你完成工作，有空的时候，尝试去问问同事有没有需要帮助的，把时间花在自己身上，才能获得快速的成长。
>
> 3⃣向上管理是职场的必备技能。
> 当领导忽然有情绪的时候，你要疏导他的情绪，并且不受影响；当领导有过高要求的时候，你要学会管理他的预期；当领导指责你的工作结果不好的时候，你要跟他讲清楚，你在工作过程当中的努力和接下来会做的调整。
>
> 4⃣工作要有渣男心态。
> 保持自己的可能性。有时间就哄老板开心一下，没有时间就不要在意老板想什么。把自己当中人生这部戏的主角，把老板当作这部戏的客串。和老板演好对手戏，不要让一个路人搅乱你的心。

第一篇小红书笔记总结。

1. **内容**:这篇笔记讲述了职场中的7条真相,以及针对这些真相的应对策略。
2. **目标人群**:目标人群是在职场中感到迷茫、焦虑,希望找到应对策略的人群,尤其是新人或对职场不太熟悉的人。
3. **解决问题**:这篇笔记解决了目标人群在职场中面临的情绪困扰、价值取向不清晰、领导与同事关系处理等问题。通过提供职场真相和对应的建议,帮助读者更好地适应职场环境,降低情绪波动,提升工作效率。
4. **涵盖知识点**:这篇笔记涵盖了以下知识点。
   - 雇佣关系和老板观念
   - 时间管理和价值分配
   - 向上管理技巧
   - 职场心态:保持自身价值
   - 构建稳定的价值体系
   - 自信和不受外界评价影响
   - 职场新人的安全感建立策略

接下来你需要做的任务是:

1. 分析第二篇小红书笔记内容。
2. 根据两篇笔记的内容,提出综合性的建议或总结,指出其中的共通点和差异。

第二篇小红书笔记总结。

1. **内容**:这篇笔记介绍了作者的8个极简工作小习惯,以帮助职场人士减少加班,提高工作效率,实现更好的生活与工作平衡。
2. **目标人群**:目标人群是那些希望减少加班,改善工作习惯,更好地平衡工作与生活的职场人士。
3. **解决问题**:这篇笔记解决了职场人士常见的问题,如加班过多、工作效率低下、缺乏生活与工作平衡等。通过提供具体的工作习惯建议,帮助读者优化工作方式,提高效率,减少加班,获得更多的自我成长和放松时间。
4. **涵盖知识点**:这篇笔记涵盖了以下知识点。
   - 思考与行动的关系,价值创造思维
   - 任务管理:重要性和次要性的区分
   - 时间段价值利用和高效工作习惯
   - 设定时间限制,培养时间压力感
   - 聚焦核心领导需求,避免过度帮忙
   - 个人差异化价值的创造
   - 当下专注和情绪管理
   - 平衡生活与工作,寻求个人成长

综合性的建议或总结。

这两篇笔记都强调了职场中的工作习惯和心态调整对于减少加班、提高效率,以及实现工作与生活平衡的重要性。共同点包括思考与行动的关系、重要性的区分、时间管理技巧、聚焦核心需求、创造个人价值等。然而,两篇笔记的侧重点有所不同,第一篇更注重个人心态、领导管理技巧,而第二篇则着重于工作习惯的调整和生活与工作平衡。综合两篇笔记的建议,可以形成更全面的工作与生活管理策略,帮助职场人士实现更健康的职业发展。

在继续的文案工作中,你可以:

- 提取出两篇笔记的共通主题,为读者提供更全面的指导。
- 引用具体的建议和例子,帮助读者更好地理解和应用。
- 结合个人经验或案例,展示这些工作习惯的实际效果。
- 鼓励读者积极调整工作方式,实现更好的工作与生活平衡。

※ 第三步：根据总结的特点，提出写作要求

接下来，让AI根据它总结出来的特点，进行写作。

发出指令：请你融合这两篇小红书笔记，并且按照"职场心态＋工作方法＋减少加班＋提高效率"的格式，写一篇全新的职场生存法则。

> 请你融合这两篇小红书笔记，并且按照"职场心态+工作方法+减少加班+提高效率"的格式，写一篇全新的职场生存法则。
>
> 当今职场，内卷和加班问题日益突出，我们迫切需要找到一种平衡工作与生活的方法。在这个背景下，我整合了两篇小红书笔记，为你呈现一套全新的职场生存法则，涵盖了职场心态、工作方法、减少加班和提高效率4个关键方面。
>
> **职场心态：思考与创造**
>
> 多思考，少盲做。职场中，为了真正提升自己的价值，不应仅仅是完成任务，而是要思考其中的意义与改进点。将思考渗透到工作中，追问为什么做、如何更优化。不仅要完成工作，还要在总结中为他人留下可借鉴的经验，以利他之心衡量个人的职位价值。职场的升职加薪，不再是遥不可及的梦想。
>
> **工作方法：以极简习惯为基础**
>
> 建立极简工作习惯，为高效工作创造基础。采用"任务极简1+2法则"，每天专注于最关键的大事和少数的小事。同时，充分利用每个时间段的价值，确保黄金时间用于专注高效的工作。设定明确的时间段来完成任务，为自己创造一点时间压力，养成高效的工作习惯。

如果对生成的文章不满意，还可以继续发出指令进行优化。例如，写作特点、结构和风格、具体字数、核心内容等。

通过将写作技巧嵌入AI学习，就能够更加精准地创造出想要的内容，还不是被无效信息冲刷。相信不远的将来，我们会看到AI在创作领域掀起一股浪潮，为我们带来更多精彩的创意和内容。

——写作小贴士——

信息爆炸，用AI轻松创作优质内容。

☐ 教会AI写作方法，3步写出爆款文。

第一步：定身方法。

第二步：学案例+总结+输出。

第三步：做补充+再优化+出结果。

> ▢ 让AI学习爆款文，3步创作同款优质内容。
> 第一步：指派任务。
> 第二步：投喂范文，总结特点。
> 第三步：根据总结的特点，提出写作要求。

第六节　涉猎广泛，借用AI模拟多重身份对话

作为一名写作者，常常要撰写不同领域的文章，可以用AI模拟多重身份进行对话，从而更好地进行创作。

071　30种发散指令，模拟多重身份对话

想要用好AI，最重要的是对它发出有效的指令，指令越具体，得到的答案越有效，写作的新颖度和深度也会越高。

我整理了30种指令，可以让AI模拟多重身份对话，在写作时，你可以结合自己的日常应用进行尝试。

01. 写作方向：你是资深的新媒体文案创作者，给出10个××平台的选题，展望AI在内容创作中的前景。

02. 专家建议：作为××领域的专家，指导×××博主选择10个热门选题，并说明理由。

03. 争议话题：以资深新媒体创作者的身份，为"全职妈妈"与"职场妈妈"的价值争论，构建一个知乎平台的文章大纲。

04. 宝妈视角：你是一位宝妈，准备写一篇关于××的文章，勾勒出3~4个支撑分论点，让文章更有深度。

05. 影视推荐：作为小红书的影视推荐达人，推荐三部××主题的电影，并说明原因。

06. 实用干货：以××专业型博主的身份，为关注你的用户提供实用干货，助他们在××领域更上一层楼。

07. 种草高手：以种草博主的角色，为××产品撰写吸引人的"种草"笔记，让用户迫不及待地下单。

08. 文案优化：作为资深编辑，为××文案增色，让文案更有吸引力，比原文更有深度。

09. 高赞回答：你是10万粉丝的知乎达人，以回答问题大咖的身份，以××形式撰写一个高赞回答，视角要新颖有特色。

10. 编导创作：你将身为文艺片编导，构建一个浪漫的情景，以××为主题撰写故事。

11. 书籍介绍：你是知名作家，为领域学者的新著《××》撰写一篇引人瞩目的介绍。

12. 旅游攻略：以导游的身份，为你的旅程规划3天详细的行程攻略，留下难忘的旅行回忆。

13. 社交达人：以社交心理学家的身份，以××现象为例子，展开分析人际关系、社交行为和情感互动的心理机制。

14. 面试必备：身为资深面试官，分享××种面试技巧，助面试者能够脱颖而出。

15. 人物塑造：你是一名小说家，以笔为刀，勾勒××故事情节，要求××，为独特的主人公刻画生动的性格和形象。

16. 灵感闪现：你是一位即兴创作者，从××这个关键词出发，写下一段充满想象力的故事片段。

17. 科普导读：你是一位科普达人，以通俗易懂的方式，为某个复杂的领域写一篇知识普及文章。

18. 心灵鸡汤：你是一位情感导师，写一篇温暖的文字，给读者带来正能量和鼓励。

19. 美食推荐：你是一位美食家，推荐3家在××城市绝不能错过的特色小吃店。

20. 生活心得：以长者的身份，回顾人生，分享3点你在××领域中领悟到的智慧。

21. 旅行回忆：你是一位环球旅行家，回忆你在××中，难忘的旅程，分享其中的趣事和感悟。

22. 美妆达人：以化妆师的身份，为×××季节推荐适合的彩妆和护肤品。

23. 心理剖析：你是一名心理咨询师，以专业视角分析在×××时的情感和行为，为读者提供情绪管理、压力释放等心理健康建议。

24. 育儿领域：假设你是一位育儿作家，针对孩子的××行为，提供3点建议。

25. 校园教育：你是一位老师，为很多中学生会遇到的××现象，提供3点建议。

26. 人物专访：以记者的身份，为某位公众人物进行一次关于××的深入专访。

27. 人生导航：以人生导师的身份，为年轻人提供关于成长、职业、人际关系等方面的指导建议。

28. 热门评测：你是一位影视评测家，为近期上映的电影、剧集、综艺等节目写一篇详细评测。

29. 时尚达人：以时尚达人的身份，分享关于搭配、时尚趋势和购物心得的文章。

30. 抒情挥笔：以一位浪漫诗人的身份，用文字绘制出一个浪漫的约会场景。

这些指令可以让你在写作时从不同角度展开创作，模拟多重身份对话，带来更丰富的内容和观点。无论是专业领域、生活经验还是想象力，都可以在不同的指令中得到发挥。这些思路能够激发你在创作中的灵感，写出更加引人入胜的文章。

072　10种具体指令，让你的创作更有料

通过模拟不同的身份发出指令后，得到的答案一般比较宽泛，无法更好地进行创作。

想要得到更优质的内容，要写学会给出更明确的指令。比如，选题要求、写作风格、目的、受众等，给出的信息越明确，AI生成的文章的实用价

值越高。

以下是10种具体指令，这些指令将帮助你利用AI创作的文章更具个性、更具体。

※ 明确具体标准

你现在是一名××，请回答我的具体问题：
➢知乎/小红书的爆款回答/笔记有什么特征？
➢请按照这些特征，写一篇关于××的回答/笔记。
➢请记住这些特征，后续按照这种风格输出内容。

※ 增加具体要求

你现在是一名××，写出一篇以××为主题的文章。
➢控制在800字以内。
➢用第一人称表达个人真实体验。
➢按照小红书/知乎/微博的写作风格，语言活泼一些。

※ 增加特定风格

你现在是一名××，描写一段关于××的故事。
➢请以××年代为背景。
➢创作一个关于××的故事情节，突出这个年代的氛围和特点。
➢故事体现××的精神。

※ 构建特定场景

你现在是一名××，围绕××场景回答一系列问题，深入探讨这个场景中的情境和细节。
➢场景特点一：××。
➢场景特点二：××。
➢场景特点三：××。

※ 设定具体框架

你现在是一名××,根据特定框架,撰写一篇关于××的文案,引导读者关注你的推荐,并最终行动起来。

➢ 文章开头:指出痛点。
➢ 第一部分:常见误区。
➢ 第二部分:解决方案。
➢ 第三部分:号召行动。
➢ 文章结尾:情绪共鸣。

※ 添加具体案例

你现在是一名××,为下列文章增加生动案例,增强文章的丰富度和可读性。

➢ 针对文章中的3个方法,举例说明
➢ 请在文章中穿插名人故事
➢ 案例描述完以后要进行总结,呼应主题

※ 增加具体元素

你现在是一名××,要写一篇关于××的文案。

➢ 介绍××领域的重要技能。
➢ 用"总分总/递进/是什么—为什么—怎么办"的结构来写。
➢ 引导用户互动、查看往期内容或关注。
➢ 文章中包含故事。
➢ 在文章的开头和结尾加入金句。

※ 定制化大纲

你现在是一名××,撰写一篇关于××的文案。

➢ 主题:针对××的3个技巧(也可以是针对××的5个关键问题、针对××的7个法则。给出具体的点,AI写出的内容会更具体)。
➢ 受众:入职3年的职场人。

> 目的：种草××课程。
> 风格：不要有太多广告痕迹，自然代入。

※ 补充文章细节

你现在是一名××，撰写一篇关于××的文案。
> 第一部分，指出关于××的关键问题。
> 第二部分，补充一个具体案例。
> 第三部分，写出关键步骤，让读者更容易明白。

※ 补充具体条件

你现在是一名××，为×××选题拟一个标题。
> 写10个关于××的标题。
> 要求标题××（按照前面介绍的写标题方法，输入指令，如：标题要引发好奇心）。
> 标题不超过20个字。

仔细观察你就会发现，以上的具体指令都是我们常用的一些写作技巧，你把这些内容输入给AI，它就会变身写作达人帮你创作出更优质的内容。在写作的时候，你可以根据自己的实际情况灵活变动，输入更多具体的指令，创作出更多有趣有料的内容。

如果你不懂得如何给AI"投喂"具体的写作技巧，那么它给你提供的内容也会平淡无趣。因此一定要将学到的写作方法和AI相结合。

另外，AI生成的文章一般结构完整、内容丰富，但是缺乏独特的个性，最终还需要我们根据自己的风格进行优化和修改，才能真正创作出好内容。

——写作小贴士——

01. 根据30种指令，模拟多重身份对话。
02. 根据10种具体指令，让你的创作更有料。

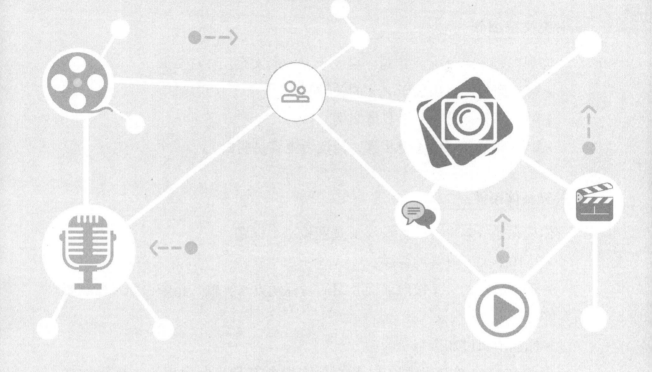

第六章

通过写作升级自己,快速打通变现渠道

第一节　学会公开发布，获取更多机遇与财富

公开写作是我人生中最大的杠杆，不仅增加了我的收入，而且改写了我的人生。

在踏入新媒体写作之门前，我曾经偷偷写了很长时间的文章，但是它们都"锁"在我的电脑中，"躺"在我的笔记本中，从未公开露面。当我在各大平台看到很多博主通过写作逆风翻盘，改写人生的故事时，羡慕不已，但是自己却始终不敢迈出这一步。

总是担心自己写得不够好，怕周围人嘲笑，就这样不断地在怀疑和犹豫中撕扯，越撕扯越没有结果。直到我开始大胆地公开发布，才有了后来的成绩。

我想我的写作故事，也是大多数人的故事。我的困惑和犹豫，也是大多数人会经历的困惑和犹豫，我遇到的卡点，也是大部分人会面临的写作卡点。

希望正在纠结的你能够认真看完下面的内容，勇敢地向前一步。

073　公开写作的 3 大障碍

为什么很多人不愿意将自己的作品公之于众？主要原因有以下3点。

恐惧：写作是一种自我表达的方式，将自己的思绪暴露在公众面前，可能会担心别人嘲笑或不理解我们的作品，这种恐惧会让我们停滞不前。

怀疑：很多人认为自己写的文章不够好，不值得与他人分享，因此选择将其藏在电脑里，而不是公之于众。

冲突：很多人害怕冲突，担心自己发表的文章遭到恶意评论，从而影响自己的情绪。因此，许多人选择将写作作为一种私人爱好，而不是一项公开的活动。

其实这些担心大多时候都是自我制约和自我设限而已，越是有这些心态的阻挠，越要公开写作。换一种心态，你把它当作修炼的一种工具，借此

机会照见自己的问题，学会面对冲突和公开表达。这等于让你在写作的虚拟的世界里彩排和练习，当你面对真实生活中的嘲笑、不理解、冲突、公开表达的时候会更加有能力去面对。

074 公开写作的5大优势

我听过这样一句话："写作是你和读者共同完成的，如果你不让人看，从某种程度上看，这篇文章只完成了一半。"深以为然，一篇文章只有读者参与了，才能活起来，通过读者的反馈你才能从文章中更好地看清自己，也会激发你更强烈的创作欲。

所以，无论写得有多差，尽可能地发表在能够被人看到的地方，这也是倒逼自己极速成长的一种方式。

※ 公开写作，快速获得反馈

你可以想象一下，如果你从不照镜子会怎么样？

你可能永远无法看清自己，甚至一辈子都不知道自己的长相，这是一件多么恐怖的事情。我们的外表可以通过镜子来照见，但是内在的思想，只有通过外界反馈才能照见。

公开写作，就好比照镜子。我们能看到每篇文章的外部数据，比如，阅读量、点赞、评论、转发、关注等，每一种数据都会反映你写的文章质量和受欢迎程度。

根据这些数据和反馈，你能建立起有效的写作反馈系统，帮助自己不断地进行优化与完善。

就像山本耀司所说的："'自己'这个东西是看不见的，撞上了一些别的什么，反弹回来，才知道'自己'是什么。"公开写作，就是与外部进行撞击，只有通过反观、自省、重构，才能认识自己，不断成长。

如果只是闷头写，却从不渴望得到反馈，这样的作者不是好作者。一个从来没得到过反馈的人，是无法进步的。

要学会低头走路，也要学会抬头看路，否则只会越来越迷茫。

※ 公开写作，提高写作标准

再来思考一个问题：你在独处时会用心打扮自己，还是出门见人的时候用心打扮自己呢？

大部分人宅在家里的时候，能多放松就多放松，能多邋遢就多邋遢，怎么舒服怎么来。但是出去见人，很少有人能做到邋遢。

写作也是同样的道理。

公开发表文章就像要出门见人，能够帮助你寻求外部压力以鞭策自己。你会以更高的标准要求自己，因为我们每个人都会或多或少在意别人对自己的评价，这会促使你更注意自己文章的"形象"（质量）。

反之，如果私下写作，人在没有压力的时候是非常容易放过自己的，写作的形式多偏向于流水账，长期以这样的形式写作，不仅无法提升，还浪费了大量的时间和精力。

所以，公开写作比私密写作更有利于提高我们对自己的写作要求和标准。

※ 公开写作，打造个人品牌

个人品牌就是别人提到你时，知道你是做什么的、你擅长什么、你的信誉度如何，从而思考应该怎么与你合作和产生联系。

公开写作，让你的成长故事和价值观得到传播，是打造个人品牌最好的方式，会让需要你的人能够很快找到你，让你因此得到更多的机会，以此打开你的商业渠道和变现方式。如果你只写在日记本上，写在私密空间，从不对外公开，个人品牌从何而来呢？

互联网时代，无传播无价值，没有宣传，等于没有发声。

※ 公开写作，拓展自己的人脉圈

公开写作不仅仅是在发表文章，更是一种积累人脉的绝佳方式。当你大胆分享自己的思考和观点时，你不仅吸引了潜在的读者，还可能找到与你志同道合的朋友。

公开写作就像是在虚拟的世界里开启一扇窗户，与世界分享你的思考和生活。这种分享不仅会吸引与你观点相合的人，还能引发深刻的交流和互动。且这种交流已不再停留在表面，而是围绕某个观点和人生活法展开的深度对话。这样的交流通常能够更好地建立深度友情。

我就是通过写作结交了很多朋友，也因此不知不觉地对圈子进行了更新。换圈子等于换命，跳出以前狭窄的圈子，也意味着跳出了狭窄的思维和狭窄的人生，视野更开阔，思维更加多元。只有这样才能活得更有厚度，才能更加包容。

并且在写作的旅程中，交到这些志同道合的好朋友，能够激励你坚持下去，为你的写作之旅增添乐趣，这正是新媒体时代写作的魅力所在。

※ 公开写作，得到更多机会

当你开始公开发表文章，就意味着开始传播文字，它们就像种子一样在网络平台上发芽生根。这个过程是一个不断发酵的过程，会给你带来很多意想不到的惊喜。

你的文字可能引起了编辑们的注意，他们会主动找你，寻求合作的机会；出版社也许会看中你的独特视角，与你签约出书或请你撰写书评；广告商可能会被你的文字吸引，希望你能为他们撰写商业稿等。

上述这些可能的例子，真真实实发生在我身边的写作人中，这并不难，也不需要有多少天赋，只需你持续运用前面讲到的写作方法，不断输出，并将自己的作品大胆地展现出来，只有把自己创作的内容曝光在更多人的面前，才有机会被伯乐看到。

写作，就像是一门独特的"吸星大法"。通过真诚输出有价值的思考、感悟和干货，你可以吸引来你想要的人、事、物及财富。

如果你怀揣梦想，想要实现出书、创造副业收入、拓展人脉、结交志同道合的伙伴，或者寻求内心的自我认同，那么写作就是你的"吸星大法"，它能帮你"吸"来自己所渴望的一切。

学会公开写作，将文字的世界与现实世界连接起来，为你创造更多财富。

第二节　借助平台，打造属于你的赚钱系统

作为一位写作者，如果你渴望自己的文字创造更高的价值，那么不可或缺的一步就是借助平台，打造属于自己的数字赚钱体系，这相当于为自己创造了一个全新的、高效的收益机制。

互联网为我们提供了前所未有的机遇和平台，可以将你的才华和创意广泛展示给全世界，将你的文字和思想传播得更远，创造更大的影响力和价值。所以，一定要抓住这个时代给我们普通人的机会。

075　借平台投稿，快速打通变现渠道

初期写作时，借助平台投稿是一个值得考虑的方式，可以迅速打通变现渠道。这个过程类似于你去不同的公司面试，你所写的文章就是你的"简历"。

通过编辑的反馈，你能够快速了解自己的作品中存在的问题，并快速掌握市场上需要的文章类型和标准，从而更好地改进。

成功投稿后，你不仅可以获得稿费，而且随着你的成长和写作水平的提升，越来越多的编辑会主动找上你，被约稿的机会也会增多，从而使你写的内容更值钱。有很多作者就是通过这种逐步积累的过程，获得了写作生涯的第一桶金，开启了自己的写作之路。

对新手来说，这是变现最快的方式之一，也是很多作者非常依赖的变现方式。

了解如何进行投稿也非常简单。找到你喜欢的账号，一般每一个收稿的账号都会有一篇"投稿须知"，你只需输入"投稿"二字，就会自动触发后台回复，上面不仅会提供范文和要求，而且还会给出联系邮箱，甚至有的会直接给出编辑微信。

除此之外，很多账号为了大量征稿，不仅会在自己的账号上发布征稿

信息，还会在很多其他平台和账号上发布信息，你可以到小红书、公众号等平台去搜索。同样只需在搜索框中输入"投稿"二字，就会弹出很多关于征稿的信息，选择自己喜欢和擅长的领域进行投稿即可。

076 建个人账号，打造你的财富系统

如果你希望长期从事写作，就不能仅仅依赖于投稿，你需要构建自己的账号，建立自己的个人品牌，打造属于你的专属财富系统。

拥有了自己的账号，就意味着你拥有了一项宝贵的资产。随着你的账号粉丝数量不断增长，你所创作的内容也会更值钱，为你带来更多的收益。这相当于进行了低成本的创业，因为你的主要成本是时间和精力，而不需要考虑库存和压货等传统创业的困扰。

※ 链接到大平台，突破个人发展瓶颈

建立个人账号，持续进行创作，可以每周输出2~3篇。当你的账号积累了一定数量的粉丝后，各大平台会主动找你合作。例如，在你的账号上投放广告、合作互推等。这将帮助你加速个人发展，帮助你开辟新的前景。

在这个阶段，你已经不再是一个简单的投稿者，而是一个拥有资源和品牌的写作者。你不仅能够创作内容，还可以通过运营账号来开辟自己的商业模式，收益将会呈指数级增长，会远超单纯投稿带来的收入。

随着机会的增多，写作变现之路也将变得更加宽广。

※ 帮助他人创建账号，实现第二收入增长

通过你的经验和知识，你可以为他人提供指导和支持，帮助他们建立自己的个人账号，并实现额外的收入。这不仅有助于他们，也可以成为你的一项副业。

比如，我通过自身实践，摸索了一套写作方法后，为很多人提供了一对一的写作服务和指导，帮助他们从定位到变现，跑通了整个流程，由此可以吸引更多的人来找我付费咨询。

正是因为这些经验，我在裸辞后走上了自媒体创业之路，初期的月收

入已经是我之前工作的两倍。

随着经验的积累，我们的能力将不断提高，也会拥有更多的资源和流量，逐渐构建属于自己的更大的财富系统。

077　用长远思维，升级你的赚钱系统

想要拥有流量、IP和账号，需要长期投入和坚持，不要期望一蹴而就。

我曾见过许多写作者已经坚持写作多年，尽管他们的写作水平已经相当高，但仍然依赖着稿费而未建立自己的账号，未能升级他们的赚钱模式。

因为建立账号需要时间，而在最初没有粉丝的时候，文章的阅读量可能很低，很难迅速实现变现。因此，他们选择了短期获利的投稿方式。

如果你想通过写作实现更大的财富增长，就必须以长期的眼光来审视这个问题。

写作是一种可以重复销售时间的方式，你可以多次出售相同的内容。不管过去多久，只要有人阅读你的文章，就能为你创造价值和收益，还会不断地为你涨粉。

然而，如果你没有自己的账号，仅仅作为一名稿件投递者赚取稿费，这意味着你仍然在同一时间段内只能从事一项工作，创造一份收入。因为当你把稿件卖出后，它基本就和你没有太大关系了。

投稿和建立账号，本质上存在巨大的区别。投稿是给别人打工，运营自己的账号才是为自己积累财富。

我刚开始写作就是不太注重个人账号的建立，一直用"打工思维"来写作，所以走了很多弯路，看到身边有很多创作能力远不如我的人把账号做起来，收入超过我10倍，我才恍然大悟。希望大家能够在初期就培养这个意识，过往年月我已经尝够了饮鸩止渴的苦涩，所以希望各位新手作者可以避开弯路，走上康庄大道，学会以长期的眼光来看待写作，不断升级自己的财富系统。

过去，是不存在新媒体杠杆的，大多数人付出多长时间的劳动，就只有多长时间的产出。新媒体杠杆的出现，给了我们普通人机会。所以我们不能浪费时代的红利，一定要懂得利用杠杆，不要再用原始模式去赚钱了。

第三节　多平台发力，快速实现写作收益最大化

想要在有拥有自己账号的基础上让收入翻倍，要学会让自己创作的内容有更多的曝光，快速实现写作收益最大化，需要我们打造一个螺旋向上的变现循环体系，各位作者在写作初期可以有意识地建立这样的体系。

打造螺旋向上的变现循环体系，有3个关键点：一是持续产出内容；二是建立自己账号；三是多平台发力，用一份内容带来10倍价值。

如何持续创作好内容？前面讲过很落地的方法论，新手作者也能写出优质文章，只需不断地练习即可；建立自己的账号在上一节中已讲述，你只需选择一个平台开通自己的账号即可。建立自己账号后，你也可以通过收稿的方式保持内容的更新。想要持续发力，获得更多的收益，需要建立一个矩阵，多平台发力，让你创作的每一篇内容的价值都能最大化，这也是接下来要讲的重点。

078　多平台发力，实现多渠道收入

当你不断产出内容，并开通账号建立了稳定系统后，可以借助成熟的自媒体写作平台多方发力。

比如，你开通了公众号，定期进行文章的更新，可以将其内容同步更新到今日头条、知乎、小红书、豆瓣、百家号、搜狐号、网易号等其他平台。

同时，还可以将文章的内容变成视频文案，通过小红书、抖音、视频号等进行发布。这样你的内容就会得到更多的曝光，成为爆款的概率也会大大提高。

很多人或许会觉得自己难以应对多个平台，一个平台已经很费力了，同时经营这么多平台似乎是一项不可能完成的任务。

初期，你可以选择专注一到两个与你最契合的平台，当你积累的文章越来越多，建立了稳固的"根基"以后，你可以考虑将之前的精华内容进行

再利用，稍加修改后，复制到另外一个平台即可，并不需要太多的创作成本和时间成本。

如果你辛苦创作的文章仅限于在一个平台发布，未免辜负了自己的努力。同时，在信息传播如此迅速的时代，你的作品可能会被他人"借鉴"，也就是你的文章被"复制"的风险会大大增加。

每个自媒体写作平台的内容并不是互通的，这也就导致平台之间的抄袭现象非常严重，因此，尽可能把你的文章同时分发到多个平台，这不仅有助于保护你的原创权益，还能最大化实现创作内容的多次变现。

自媒体平台一般都是有广告收益的，只要你发布的内容有阅读量，平台就会给予你一定的收益，那么你多发一个平台，就意味着能够多增加一份收入。一旦建立了这种的体系，就像用一份钱买了不同的理财产品。不同账户（自媒体写作平台）时不时会给你带来不同的回报。比如，你有一篇文章，当你将其发布在公众号上以后阅读量平平，但在小红书上发布却引来了大量阅读，这种情况是非常常见的。

当你的粉丝数量和阅读量在各个平台持续飙升时，官方机构便开始认可你的价值。你将有机会获得顶级作者独享的流量支持和签约机会，这些特殊的机会将成为你迈向更大舞台的助推器，持续给你带来更多意想不到的收入。

079 多平台发力，强化个人影响力

多平台发力，能够为你的个人品牌发展提供更广阔的空间。每一次的曝光都强化了他人对你的印象。你被1个人认识，还是被100个人甚至1000人认识，所带来的机会和资源肯定不同。在网络新媒体时代，只有广泛传播才能实现价值的倍增。

在多平台发布内容，要注意两个关键点：一是名称的设置，二是名称的一致性。

※ 名称的设置

名称非常重要，那么，如何打造一个好的名称呢？只要满足"简单+好

记"即可。

关于账号名称,很多写作指导老师提倡新手作者用"昵称+领域"的形式,比如王京爱写作、爱读书的王京、王京聊职场、王京聊情感等。

这种形式确实能够让读者很快识别到你,也能明白你的输出方向。但是以我个人成长的经历和带过1000多写作者的经验,取名字可以再简单一些。

因为很多人在刚开始输出时,带有一定的盲目性,根本不知道自己要输出什么,大多数人都是在不断地尝试过程中才慢慢知道自己真正想输出的是什么。

比如,我刚开始写了一段时间情感类的文章,发现自己好像并不喜欢,于是开始分享写作经验,写了一段时间又觉得这样的内容太无趣,后来开始输出自己成长过程中的思考,发现这才是我真正喜欢的,这时我的账号名称就要随着我的内容的改变而调整。

不断调整账号名称,会让读者对你的识别度降低,想统一化名称的时候也会比较难,甚至还有的账号名称一旦设置了就不能再改动,这会非常被动。我见过很多人刚开始确定了账号名称,为了保持一致性,开始别扭地输出,导致最终放弃,十分可惜。

在我带过的1000多名学员中,这种情况屡见不鲜。很多时候,我们觉得自己想清楚了,但是随着不断地成长和变化,你才能发现自己真正想要的是什么。就好比小时候你的理想是当一名老师、一名科学家、一名医生等,但是随着不断地成长,你发现自己的理想并不是这些,而是在年幼的世界和脑海中,只有这些概念和选项。

因此,名称只需要"简单+好记"即可。也就是说,没有生僻字导致难以识别,不过长造成记忆压力即可,不用一开始就被其他的条条框框束缚。

不用担心读者识别不了你的发文方向,读者一开始不是看你的方向才关注你的,而是看到你的某一篇文章对你产生了兴趣,才开始关注你,进而阅读你账号内的内容,了解你输出的方向。这时候即便你的名字没有任何发文领域的提示,读者也能判断出你是一个怎样的作者。

在这种情况下,你的个人品牌已经建立起来了,读者会因为对你的喜爱而持续关注你的创作，为了方便搜到你，才开始关注你的昵称，这时你的昵称才真正有用。

以上就是多平台发文的重要性和注意事项，希望大家能够在一开局就赢过别人，在起跑线上就布局好自己的写作之路和财富系统，为自己开启多重机遇的大门，构建起你螺旋向上的循环系统。

※ 名称的一致性

你的账号名称就像是你的个人品牌标志，在各个平台上都要尽可能相同。

比如，我在小红书的账号名称是"王京说"，那么在其他平台上也要使用同样的名称，确保读者在任何地方都能轻松找到你。

可能一开始读者对你的名称没有深刻的印象，但当他们在不同的平台上多次看到相同的昵称时，印象就会逐渐增强，这种一致性有助于加强你的个人影响力。

由于刚开始缺乏这种意识，我的昵称很杂乱，当我意识到要统一化昵称后，很多平台的系统会提示昵称已被占用。如果你还没有开启一文多发的意识，建议你从现在就开始着手建立统一化的昵称。不仅可以让粉丝快速找到自己，还可以为打造个人品牌做好铺垫。

第四节　设计变现课程，投入 1 份时间获得 10 倍收入

李笑来在《把时间当作朋友》里面说："除了文学，文字还有其他责任，如传递信息、积累经验、分享知识。"课程化写作，就是一种积累经验、分享知识的创作模式。

开始写作以后，我收到很多关于写作方面的咨询，同样的问题我经常要回答很多遍。于是，我开始把自己的专业能力逐渐整理成一节一节的课程，录制成音频和视频。这样既解放了自己的时间，又能同时给更多的人提供价值，从而增加了自己的收入。

如果你拥有一定的专业能力（无论是什么领域），那么你应该学会将

这些专业能力系统化，将其转化为一门课程。这样一来，你只需投入一份时间，借着新媒体平台不断出售，快速实现收入10倍增长的目标。

千万不要觉得自己没什么可写的内容，现在很流行一个概念"知识的诅咒"。意思是很多人可能因为过于熟悉自己的领域，而忽视了它的价值，认为没什么可写的，担心自己分享的内容被他人嘲笑，因此不敢尝试，但是其实你所在的行业其他人真的不懂。你擅长做饭可以分享做饭的小技巧，你擅长穿衣打扮，可以分享衣着搭配的技巧等。

每个人都有自己的优势，你把自己熟悉的领域的故事分享出来，这对你来说就是很好的写作素材。对读者来说，这就是很有价值的文章，能从中学到知识，了解到不同的行业信息。

080　4个步骤，快速写出一门爆款课程

实际上，写课程并没有那么难，和写一篇文章是一样的。只要你能写一篇文章，就能写出一门课程。

※ 第一步：定选题

与前面讲到的写文章逻辑相同，写课程的第一步是确定选题。当你打算写课程的时候，可以到各大平台搜一下爆款课程都是怎么定选题的，根据细分领域，确定自己的选题即可。

※ 第二步：搭框架

确定选题后开始搭框架。搭设课程的框架聚焦两个关键点：一是经常被问到的问题，这类问题就是最常遇到的难点，也是大家最关心的问题；二是模块化，写课程一定要分模块，模块化不仅会让读者更加清晰地了解课程内容，最重要的是让你自己对所写课程的思路有更清晰的认知。就好比你看书分章节一样，环环相扣，让读者觉得看完一个章节，就能够系统地解决一个问题。

※ 第三步：课程准备

搭建框架以后，内心就有了一个整体"版图"，你就知道要输出哪方面的具体内容了，然后开始搜索相关专业书籍。书籍不一定非要精读，可以通过速读了解创作者的思路和结构，读完5～6本书，再回头来看自己的框架，进行修改和创作。

前面讲过，想写好一篇文章，要先输入10篇文章，写一本书也采用同样的方法。

※ 第四步：内容创作

最考验的环节就是内容创作，如何才能创作出更加有吸引力的课程呢？围绕以下"五有原则"来进行即可。

有例子

很多人写课程只讲干货和方法论，会像老师站在讲台上讲课一样。这种方式往往让用户觉得无趣，难以消化知识点。

其实，你只要回想一下自己在学生时代听不进去课的情况，就能明白这种方式是不可取的。

写课程一定要"干湿结合"。当你讲述一个知识点的时候，不能干巴巴地以灌输的方式教给用户，而是要多讲例子，结合实际案例会更容易促进消化和吸收。

比如，此刻你看的这本书，你可以重新翻看一下，就会发现里面有很多例子。你再试着把例子全部遮住，就会瞬间明白例子的重要性。

再举个例子。很多人觉得经济学是一个门槛很高的专业，大多数人也会觉得和自己无关，但是薛兆丰老师能够结合生活中的小例子，把经济学讲得生动有趣，上架了《薛兆丰的经济学讲义》课程后，瞬间卖爆，紧接着又出版了书籍，也深受大众喜欢。

我身边有很多从来不看经济学的人都纷纷下单，开始觉得经济学很有趣，且认为它是和每个人息息相关的。现在是一个终身学习的时代，人们越来越追求精神上的富足，闲暇之余越来越注重提升自己。所以只要课程有趣，就会让更多的人愿意付费学习。

有趣有料的课程同样可以套用写作的形式，有金句、有案例、有故事、有总结，再穿插一些金句。通过这样的方式讲课，能够更好地激发读者的情绪，让读者有代入感。

有新知

在课程中要提供一些新知，真诚分享你的"独门秘术"。

这里的新知并不是指所有的内容必须是独一无二的，都必须是新概念，而是融入自己的人设和独特思路。

比如，37+53这道题，很多人的方法都是列出竖式去计算，但是你有自己的一套方法，可以比列竖式更快、更准确地算出答案，这就是新知。

再比如，别人教穿搭都说"黑白搭配"是经典，你在这个基础上提供了新的方案，让黑白搭配穿出时尚感，这就是新知。

写课程一定要非常真诚地把你会的方法分享出来，很多东西一旦你隐瞒，内容就会趋向于同质化，新颖度就会大打折扣。

有误区

你有没有发现，很多时候，我们尝试了很多方法，做了很多努力，但却一直没有成绩，这种感觉是最痛苦的。

其实出现这种情况的原因，往往是在实践的过程中出现了误区，但这些误区不容易让人察觉，导致我们苦苦在原地挣扎。这时，如果有人能给你点拨一下，会比学任何技巧都管用。

因此，在课程中，你要点出大部分人会忽略的误区。比如，我讲写作方法时，会多次点出大部分人写作中存在的误区，如改稿的误区、拆解的误区等。

只有知道了存在哪些误区才能快速改进，很多时候，点出误区比掌握技巧要重要百倍。

如果你打通了用户的卡点，就会让他有种醍醐灌顶的感觉，会觉得学习你的课程超值。

有干货

如果说写课和写文章有差异，那么最大的区别就在于"干货"二字。

写文章可以只给启发，帮读者打开思维、提升认知、提供情绪价值等。但是写课程，一定要有干货，有落地的方法论，让用户听完你的课程以后可以去实践，知道如何实操。

假如我不断地在课程中讲写作很重要，但是不提供具体的写作方法，那么你看完还是不会写。边讲重要性边讲干货，再给出具体的练习题，你跟着节奏走一遍，会很快掌握写作的方法。拿到成绩，才会觉得值。

所以，课程中一定要给出可以实操的干货。

有模板

写课程最好有模板，让大家去套用。这会让用户觉得易上手，更好、更快地促进用户行动。

比如，我在写作课程中给大家列出的写标题模板、写金句模板等。不管是新手还是成熟的作者，都可以拿来直接用，效率倍增。

人人都有惰性，人人都想走捷径。购买课程的目的，就是希望能够有快捷的方法，所以一定要给用户现成的模板，他们才会觉得价值巨大。

在写课程内容时，满足以上5点，一定会收获好评，并激发用户放心为你的课程介绍用户，用真诚的输出，为你带来更多收益。

081　3个注意事项，助你少走弯路

明白了写课程的方法，还要注意一些细节。

※ 课程篇幅

在我自己写课程之前，曾经签约某大平台写课程逐字稿。这段经历给了我很大启发，一般成稿的字数是3500～4000，总觉得给得越多越好。

但是每次交稿后，都会被编辑缩减再缩减，最多保持在2800个字。

因为人们的耐心和注意力都是有限的，人人都希望快速掌握一门技能。同时，简短的课程还可以促使用户利用碎片时间完成一节课的学习，反而有助于大家行动。所以，每一篇课程的篇幅，最好控制在2800字以内。

注意：如果在写课的过程当中，有比较难懂的部分，需要扩充内容去写，这个时候要根据实际情况来变动，不要为了缩减内容而让用户无法更好地理解，这就本末倒置了。通常遇到这种情况还可以分为上、下两节课来输出。

※ 时效性

现在是一个终身学习的时代，知识升级迭代的速度非常快，很多领域的知识可能会迅速变化，因此需要保证课程的时效性，有新的内容可以及时补充和更新。

如果你的写作速度比较快，尽可能在一个月内完成，让用户享受到最新的知识点，毕竟信息差就是赚钱差，最先享受到的人能"吃"到更多的红利。

※ 设计可视化元素

在课程中，尽可能地添加可视化元素，如图表、图像等，以更好地传达要表达的内容。

很多时候，很难清楚地用文字表达的内容，通过一张图可以很好地传递要表达的意思，这时就要以图表等形式来辅助讲解。这种直观的形式可以为自己节省讲解的力气，也降低了用户的理解成本。

《纳瓦尔宝典》中曾提到，要学会"把自己产品化"，就是将自己在生活和工作中积累的成长经验和知识，转化为有形或无形的产品，以便与他人分享、传授或销售。

产品化让我们摆脱了个人产出和时间的局限性。你的个人能力固然是很重要的，但是怎么让自己在不工作的时候也能有产出，就需要设计了。只有把自己产品化，才可能无限复制自己成功的经验，让你的时间、经验和金钱都呈几何倍增。

课程化写作就是"把自己产品化"最好的形式之一，不仅促进你系统地梳理自己掌握的知识点，而且还可以锻炼你的写作能力。一旦你的课程上线，你不用再付出时间成本，它就可以持续为你带来回报。这意味着你可以在创作后专注于其他事项，同时仍然享受被动收入。

第五节　打造私域流量池，投入1份精力实现100倍成交

写作除了可以在各大平台获得流量，还可以帮助我们建立私域流量池，更好地经营自己的人设，增加与铁粉的黏性。

在我带的写作学员中，很多人不在公共平台上发布，只在自己的公众号、朋友圈、社群等写作，获得了很大的收益。

因为这里是离用户最近的，产生交易变得更加容易。

很多人觉得朋友就是朋友，最好不要产生什么交易，因此很排斥在朋友圈做销售。其实，这个顾虑完全可以打消。

如果你只是在朋友圈机械式地发布广告，等于你把朋友圈当作了一个商铺，一定会引起反感，被朋友屏蔽。但是如果你有意识地通过朋友圈经营好自己的人设，经常发布自己的想法和故事，不断地提供有价值的内容，再穿插产品营销，让需要的人自动下单，性质就会改变，这也是写作的魅力。

产生交易并不是推远彼此的关系，交易在任何人之间都可以发生，并不局限于熟人还是陌生人，我看过很多人通过做销售把关系越处越好的。

要明白你的初衷不是要营销你的朋友，而是在大大方方地告诉大家你能提供的帮助罢了。初心不同，结果就会不同。自己别扭，动作就会变形，结果也不会好。

082　公域流量与私域流量的区别

当谈及流量时，有两个关键概念我们不能忽视：公域流量与私域流量。这两者之间的差异，决定了在互联网时代如何更好地与受众互动。

公域流量就像是市场上的行人，或者商场里的热闹人群，熙熙攘攘，众多人群都可以看到。比如，社交媒体平台中的小红书、抖音、快手等。在

这些平台上，任何人都可以发布内容，吸引用户的关注。但是，这些平台的推荐机制让你无法直接与你的受众建立深层次的联系。你需要不断地努力，通过各种方式留住他们，让他们关注你。这就像在繁华的市场上摆摊，需要不断吆喝，吸引顾客的眼球。

　　私域流量则类似于你自己的俱乐部，这里的人群是你的忠实粉丝。他们通过微信、朋友圈、社群、订阅等方式与你联系，你可以直接触达他们，无须依赖第三方平台的推荐。私域流量是你自己拥有的，你可以随时自由地与他们互动，提供有价值的信息和产品。虽然这个俱乐部可能规模不大，但却充满了黏性和互动性，会持续给你带来价值！

　　在流量的世界里，公域流量和私域流量都有其价值，但私域流量更像是你自己的底牌。所以，无论你在哪个领域，不论你是个人创作者还是企业，都应该重视私域流量的积累和维护。

083　3个方法，快速将公域流量转化为私域流量

　　在自媒体平台崛起之前，我们的私域流量通常限于我们日常线下互动的圈子，那时每个人接触到的人群都是有限的，私域流量的经营似乎仅仅涵盖了我们身边的亲朋好友。

　　但随着互联网的普及，我们可以迅速拓展自己的小圈子。如今，通过在各大自媒体平台上写作并输出有价值的内容，我们有机会吸引与我们志同道合的人，建立深刻的联系，将他们引导至我们的私域领地。

　　在互联网的海洋中，建立可靠的信任关系是一项艰巨的任务，而私域流量的运营可以不断地构筑和巩固这些信任纽带。一旦信任值增高，达成交易的概率也就会增高。

　　同时，私域的裂变性也很强。比如，很多人跟着我一起学习写作后收获很大，于是介绍了身边的朋友来参加写作训练营。很多时候，不需要我多做营销和宣传，通过朋友圈的朋友一带一，每期的学员很快就招满了。而我只需在朋友圈发布我的日常生活，真实地展现自己即可。

　　这是公域流量无法达成的。但是，想要做好这一点，要记住真诚！你可以换一个词，私域流量不能再叫流量，而应该叫朋友，你要像对待朋友一

样对待他们，才能得到同样的回馈。

真诚胜过任何技巧！

如何将公域流量转化为私域流量呢？

一是要关注那些每篇文章都积极评论的读者，可以多和他们互动、碰撞，从而产生联系。

二是留意那些通过私信向你提问和寻求帮助的粉丝。他们是最需要你提供帮助的群体，对你的内容充满兴趣，也认同你的专业知识和见解。真诚地回答他们的问题。当你提供了价值的时候，他们会愿意进一步靠近你。

三是与他们保持定期的互动。可以邀请他们加入你的微信群或社交媒体社群，与他们分享更多的心得和感悟。询问他们对哪些内容感兴趣，甚至可以采访他们，听取他们的故事。这种互动不仅能够增加你的写作灵感，还能够加强与读者之间的联系，建立更深的信任关系。

这群人需要投入更多的精力，因为我们与这些人建立的不仅仅是流量关系，更是深厚的人际关系。

084 精准努力，用 1 份精力实现 100 倍成交

在我未建立自己的账号时，朋友圈是我成功交易写作课程的关键。虽然起初我朋友圈的人数仅仅1000人起步，但和拥有上万粉丝的人相比，我获得了更多的成交量。很多人都很好奇，我在0账号0粉丝的情况下，是如何超出他们成绩的，这是因为我有支持我的"朋友们"。

我在朋友圈和他们建立了信任关系，一条信息可以触达朋友圈的所有人，因为在自己的小圈子里，信息能够更加精准地传达给需要的人。

在我的学员中，有很多人从事销售工作，他们也在朋友圈频繁地运用写作方法来输出有价值的内容，取得了非常好的销售成绩。

毫不夸张地说，一个优秀的文案就是一名卓越的销售员，可以摆脱过去1份精力1份成交的局限性。他们通过我教他们的文案快速触达更多的人，快速实现成交。

因此，维护私域流量是至关重要的。当你在私域流量中稳固地建立了个人品牌时，无论你将来销售什么，都会轻而易举。

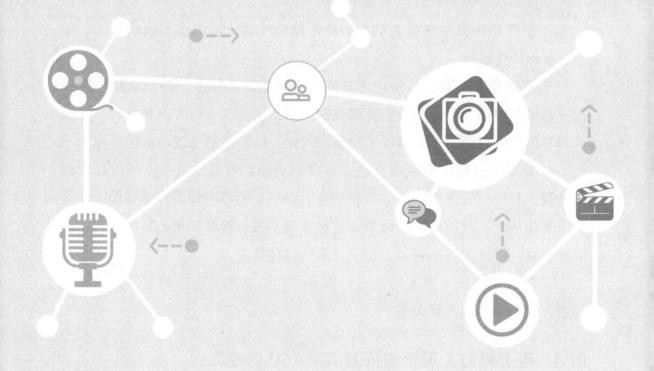

第七章

热门写作模板超易上手，快速实现收入翻倍

第一节　用文案思维写好个人介绍，快速拉近与牛人的距离

在不同场合第一次说话都是在推销自己，想要给人留下深刻印象，如何介绍自己至关重要。

好的自我介绍不仅仅是一种社交礼仪，更是一项强大的工具，能够在各种场景中为你创造机会，建立人际关系，甚至改变你的命运。

085　利用自我介绍构建强大的人脉网络

许多人的微信好友和通讯录里都有上千个联系人，虽然看似认识众多人，但在紧急需要某方面帮助时，却可能束手无策，不知道该找哪位。搜索了朋友圈，浏览了通讯录，却依然不知所措，因为不了解这些躺在自己手机中的联系人在专业领域内的特长和经验。

大多数人在进行自我介绍时只有一句："您好，我是某某，就职于某某公司，很开心认识你。"这样的自我介绍几乎没有提供任何有价值的信息。如果对方不知道你从事哪个行业，也没有共同的兴趣爱好，很难建立有意义的联系。

那么，如何避免这种尴尬局面？换句话说，就是如何能够快速找到你需要的人，同时让需要你的人能够迅速想起你呢？

一个能够凸显你特点的自我介绍至关重要。这份自我介绍可以让别人在需要的时候迅速联想到你，为你带来更多的机会和资源。

自我介绍是一个展示你自己、推销自己的机会。一个出色的自我介绍可以帮助你以最有利的方式展示你的经历、成就和能力，从而快速吸引他人的注意力。

086　用文案思维，5步写好自我介绍

很多人都觉得自我介绍是个很尴尬的环节，在自我介绍时，一般会介绍自己的姓名、籍贯、学校等基础信息。

这是保守又无功无过的一种介绍方式，语言简练，不会出错，但在一定程度上缺乏亮点和新意，不会让人记住你。当你介绍完自己后，其他人很可能马上就忘记了。

那么，如何能让自我介绍更有特色，让别人快速记住你并与你建立联系呢？接下来教你用文案思维来写自我介绍。

※ 自我介绍模板

- [昵称]
- [坐标]
- [职业]
- [成就事件]
- [我能提供的帮助]

昵称

昵称也就是名字，代表你是谁。

重点：尽一切努力让别人记住你的名字。当有人想要与你联系却不记得你的名字时，将白白浪费了你的一切努力。

名字有千千万万，但大多数人很难记住。因此，最好能够为自己的名字创造一个记忆点，可以是与名字谐音相关的幽默梗，或者名字的由来故事。总之，要让你的名字变得特别且容易记忆。

我曾参加一个上百人的活动，大家介绍完我基本也就忘记了他们的名字，但是有一个人站起来幽默地说："大家好，我叫王小明，对，没错，我就是大家口中经常用来举例子的那个小明。就在刚刚来参加活动的途中，我还听到一个妈妈和她孩子提到我，假设小明有10个苹果，吃掉了3个，小明还剩下几个苹果？我不禁打了个喷嚏……"

这种幽默的自我介绍立刻吸引了大家的注意，引起一阵大笑，也让人快速记住了他的名字。

如果你认为自己的名字没有什么特别之处或者不知道如何解释，也没关系。你可以在自我介绍的开头提及一次你的名字，然后在结尾再次重复一遍，这种多次重复和强调也是一个很有效的方法。

举个例子。

开场白："大家好，我叫王京，擅长写10万＋爆款文的王京。"

结尾处再次强调："我是王京，一个擅长写10万＋爆款文的人。"

通过反复强调，你的名字就更容易被记住。

坐标

坐标也就是你所在的城市。

这个很好理解，只需告诉大家你来自哪里即可，方便大家在线下联系你。比如：我来自深圳，欢迎大家来深圳找我玩。

职业

职业也就是你现在所从事的职业，要用一句话来总结。

介绍职业的时候，不仅要让别人知道你是做什么的，还要充分展示自己的亮点，这个时候就要学会用"贴标签"的方式来进行自我介绍，也就是为职业加上"价值标签"。

举个例子。

职业：我现在从事新媒体工作，是一名写作者。

贴标签：我现在从事新媒体工作，是一名擅长创作10万＋爆款文的写作者。

后者，就是我给自己贴上了"10万＋爆款文"的价值标签。

你可以梳理一下自己最有亮点的价值标签，组合成一句顺口的话。以后在做自我介绍的时候随时拿出来用。

成就事件

成就事件也就是你做成过什么事情，取得了什么样的成就。

很多人觉得自己的经历比较少，也没有什么特长，好像没有什么成就，这个时候要学会多维度立体地展示自己，可以参考两个点来进行梳理：职业成就+个人擅长。

职业成就：就是职场上取得的成绩。这个时候先不要否定自己，要像小学生写作业一样,一条条罗列下来,认真梳理自己的成绩。

例如,写过多篇爆款文、低学历拿到大厂offer、获得某某奖励、创立了自己的公司、服务过500强公司、一年成交额破千万等。这些都算你的职场成绩,在做自我介绍的时候可以为自己加分。

当大家听到你的成绩时,也会知道你突出的能力是什么,想和你合作的人能快速地找到你,这就是你为自己创造的机会。

个人擅长:除了本职工作,你一定还有一些自己比较擅长的优势。

比如,你擅长主持,曾经主持过某某大型晚会;你很会画画,获得了某某奖;你喜欢心理学,工作之余考取了某某证书;你很喜欢旅行,会做旅游攻略等,这些都可以凸显你的优势。

别觉得和本职工作无关就不算成就,毕竟职场不是学校的考场,比拼的不是单一的分数,而是综合能力。所以要全方位地展示自己,凸显自己的能力,尤其是职场履历比较薄的时候,个人擅长的就是增补项。

当你梳理完以后,在任何一个场合做自我介绍的时候,都可以把自己提前准备好的一套模板拿出来用。

我能提供的帮助

梳理完自己的成就,紧接着根据自己梳理的条目来展示能给他人提供什么样的帮助。

比如:你是写作者,可以说"我能帮大家写商业软文,帮你卖爆产品";你是心理咨询师,可以说"我能给大家提供心理咨询,缓解精神压力"等。

这一点是自我介绍中很重要的一点,千万不要忽略最后这一环。因为不管你有多优秀,关别人什么事情呢?只有你在某方面很优秀,还能帮助别人变得很好时,才有价值。

以上就是自我介绍的写作方法。你可以按照这个方法进行梳理,一条一条地写出来,放在自己的文档中。当你需要做自我介绍的时候,只需要按照不同的场合,进行适当的修改就可以了。

每一次的出场都是机会,每一次的第一印象也可能是终身印象,因此自我介绍值得你好好打磨。

在很多场合我们都需要做自我介绍，例如，重新找工作面试时、参加聚会认识新朋友时、上台演讲的开场时、参加活动破冰时、加入一个社群时等。一次梳理，反复使用，可以让你不断被放大，不断被看到。

自我介绍的重要性远远超出了我们通常的认知。不论你是在寻找工作、拓展人脉，还是提升个人品牌，都应该重视自我介绍的力量，并不断提升自己在自我介绍中的表现，这是一项能够帮助你在社交世界中脱颖而出的重要技能。

第二节　用文案思维写好朋友圈，通过个人品牌撬动更多资源

在当今社交媒体中，微信无疑是一个独一无二的存在。如果每个人都只能保留一个手机应用程序，那么大多数人可能会毫不犹豫地选择保留微信。微信已经深深地融入了人们的日常生活，几乎无法离开它。

微信具有强大的互动性和用户黏性，其他社交媒体平台很难取代它的地位。如果你希望通过写作来实现盈利，或者想要通过写作来打造个人品牌以增加收入，那么你一定要重视微信朋友圈的管理和经营，开始有意识地积累你朋友圈的资源。行动越早，收益越大。

想要建立一个强大的社交网络，让微信变得更有价值，这离不开朋友圈写作。通过的朋友圈内容，快速触达你身边的人，更容易激发潜在的资源，为你的个人品牌和职业发展带来巨大的机会。

087　抓好两个关键点，10倍撬动资源

我帮助很多人通过朋友圈写作，开启了自己的财富增长。

其中有个学员，通过一条朋友圈拿下大单，她的同事看到了觉得文案很好，直接复制了她的朋友圈，又成交一个大单。

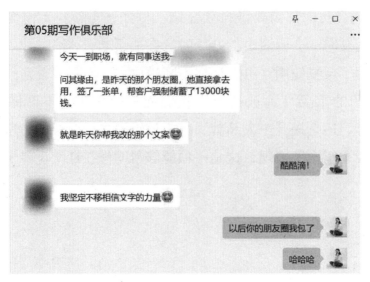

还有人在成交的关键时刻,想要群发消息,又怕引起反感,所以找到我修改文案,回复率达到了60%以上,一条广告能够让朋友圈的大部分人认真回复,超出了她的想象。本来大家很反感广告,但是通过不同的文案包装,这件事变得轻松简单。

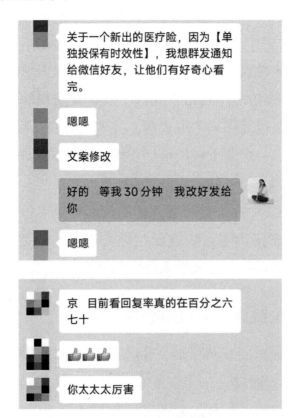

还有人拆解我的朋友圈,用在自己的销售上,得到了很好的反馈。

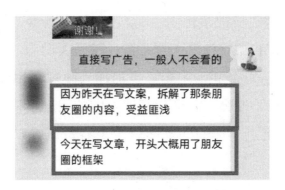

类似这样的案例还有很多,一条好的朋友圈文案,能让你快速撬动身边的资源,你真的不用舍近求远去找资源。

那么,如何打造自己的朋友圈呢?想要在朋友圈做好个人品牌的宣传,要注意两个关键点:"与人有关,对人有用"+"有趣、有料、有人设"。

※ 与人有关,对人有用

朋友圈是围绕着人展开的,背后是鲜活的个体,所以不要发冷冰冰的广告或无节制地宣泄你的情绪。朋友圈不仅是你自己的空间,更是一个富有表达力的写作平台。

想要让朋友圈更吸引人,我们要思考两个问题。

一是什么内容最容易引起共鸣。即发出来不招人反感,提高大家去点开的概率。

二是我有什么特长,我能给朋友圈的人提供什么价值。

总结下来就是8个字:与人有关,对人有用。

你的朋友圈文案能够做到这8个字,已经成功了一大半。

※ 有趣、有料、有人设

我们来比较一下下面这两个标题。

第一个标题为《写作的6个秘籍》,第二个标题为《我靠写作月入过万,不外传的6个秘籍》。

你更喜欢哪个呢?

比起干货内容,后面带有故事性的标题显然更有趣一些,大家更愿意去看。

这就做到了有趣（有故事性）、有料（"6个秘籍"给出了价值）、有人设（前面加入了"我靠写作月入过万"，植入人设）

朋友圈要写有趣的故事，才能够更加抓人眼球。用短故事来传播，同时做到与自己的人设不冲突，就会提高朋友圈的阅读率和吸引性。

抓住这两个关键点，你的朋友圈就会更有价值，以后想要做到成交就会变得非常简单。

088　六维立体打造朋友圈，边交朋友边成交

怎么才能做好这两个关键点呢？具体应该如何展开呢？以下6个方面可以帮你立体打造朋友圈，让你边交朋友边增加成交量。

※ 你奋斗的故事

想让朋友快速了解你，可以按时间线来梳理自己的故事。

也就是你的践行故事。比如，你是如何努力的？你学到了什么？如何助力自己的事业？让人看到积极改变的你，给人正能量。

例如，我经常会写自己写作的故事《凌晨3点睡，早上6点起床，终于写出了第一篇10W+》《因为学习写作，我成了周围人眼中的"怪物"》《死磕写作1个月无任何成果，当我要放弃时，收到了第一笔稿费》等。

通过个人奋斗的故事，让朋友圈的人看到你的姿态、你的韧劲，以后他们需要学习写作的时候就会第一个想到你，不仅传播了自己的人设，也会激励到身边的人，给读者带来情绪价值。

记住：情绪价值也是价值，且是经久不衰的高级价值。

很多人因为看我的小故事被激励到了，开始学习一项自己喜欢的技能，死磕到底，并私信感谢我。这就是情绪价值带来的力量，又满足了朋友圈文案的两个关键点。

写作公式：我最近做了什么+遇到什么困难+如何克服+取得成果。

※ 你与他人的故事

我们每个人都是社交网络中的一部分，当你变得更好时，你也有责任

去帮助他人。这不仅仅是自我提升，更是将你的专业能力传递给他人，提高你的口碑传播力，塑造更强大的个人品牌。

比如我教写作，就有很多学员的故事，我会写他们遇到的困惑，也会写我和他们发生的碰撞，以及我们是如何一起克服的，并取得了什么样的进步。

通过这样的方式，不仅让人看到我进步了，也看到了我身边的人在进步。

写作公式：学员遇到什么困难+点出问题+前后反差+取得成果。

※ 你的生活故事

生活故事和前面提到的奋斗故事是不同的。

奋斗故事是展示你的专业性的，生活故事是用来丰富你的人设的。

你可以写生活中发生的大大小小的事情。比如，今天和长辈聊天被问工资多少；今天看了电影有什么启发；今天看了书有什么收获；今天逛街发生了什么意外；今天在地铁上听到一对情侣吵架等。

这些都可以写下来，并写一写你的感悟，以小见大，给人启发。

这类话题能够引起朋友圈的讨论，增加评论区的互动性，拉近和大家的距离。

写作公式：今日生活趣事（有热点话题要借用）+我的感想+欢迎讨论。

※ 你犯蠢/搞笑的故事

只要你留心观察就会发现，很多时候你发朋友圈，大家只是默默地看或者点赞，但是不和你互动。但是如果你遇到了什么倒霉的事情，当你拿出来调侃自己时，大家就会疯狂点赞，并开始边安慰你边戳你伤疤。

比如，有一次下雨天我刚出门就摔倒了，便发了一条朋友圈："今天一出门就摔倒了，四处看看没人，赶紧狼狈地爬起来，刚想跑又发现自己鞋竟然也坏了。@老板，我今天因为摔倒需要回家换衣服，肯定要迟到了，可以不扣我工资吗？人生啊，果然不如意之事十之八九……"

大家就在评论区开始各种调侃我："@王京老板，你快出来，有人闹事。""你公开道德绑架老板。""这时候你就别写金句了。""最后还打算写一首诗吗？"……

通过朋友圈，让大家觉得我是一个真实的、有生活的人。

朋友圈不能只发自己的成绩，毕竟人无完人，过于完美就会显得不真实。人们喜欢有缺点的人，你可以适当展现一些自己做的蠢事，也可以分享自己倒霉的小故事，结尾再发出一句有趣的感慨。

写作公式：今日糗事+合理自我调侃。

※ 你的阶段性复盘

复盘公开发布，是让大家感知到你一直在努力地改变，直接用列条目的形式展示自己的成绩即可。

例如，王京×月复盘：

01.小红书增加了10000粉丝，接到5条广告；
02.读完了5本书，分别是《××》《××》《××》《××》《××》；
03.写了两章书稿，共计××字

……

原来一个月可以做这么多事！

让大家觉得你不仅是一个靠谱的人，还是一个持续靠谱的人。

你的努力不是随口说一说的，而是一直在用心践行，特别是自己认真学习，又有大突破的故事，能给人无限的能量，给人带来希望！

这个时候，很多人愿意靠近你，觉得你让人觉得踏实。人人都怕虎头蛇尾的人，都希望靠近自律又有能量的人。

写作公式：×月复盘+取得成就（1，2，3，…）+继续努力。

※ 你和产品植入

当你在朋友圈是一个活生生的人时，真的不用担心别人再把你屏蔽，看你的朋友圈就像追剧一样上瘾，有干货、有价值，还好玩，谁舍得呢？

这个时候别忘记认认真真地介绍自己的产品。

你可以稍微带一点你的小故事。比如，今天发生了一件××事情，我想到了我的产品可以解决这个问题（接下来认真写产品卖点），希望能帮到朋友圈有需要的人，若有需要欢迎大家私信我。

甚至你人设铺设得好，可以植入硬广，也不会让大家觉得反感。

当然，如果能够边讲故事边写产品，效果会更好。你把卖点梳理好了，每次遇到同类故事时，只需再次复制卖点，穿插进你的小故事即可。

写作公式：某件事想到了我的产品+产品介绍+欢迎私信。

089　抓好两个细节，让你的朋友圈更值钱

※ 黄金开头

朋友圈文案超过6行（99字以内）会折叠，所以前6行要特别注意抓住读者的眼球。

我整理了6个模板，可以套用这些方法，完善你的朋友圈开头。

金句植入：写一句与你主题相关的金句即可。

提问痛点：你是不是总为……发愁，有人问为什么……

前后改变：过去的我……现在的我……

结论先行：先说拿到的结果，如：我又是本月销售冠军……

热点话题：最近大家讨论……我认为和我曾经的经历很相似……

争议观点：很多人都说……但我认为……

通过这6个方法，快速打磨自己朋友圈的开头，先抓住读者的注意力，再展开描写具体事件。

※ 不发负面信息

想要真的打造好自己的朋友圈，不能随便发信息，尤其不能总是发满腹牢骚的话，经常发这些，会让人觉得你是一个特别负能量的人，靠近你就是靠近不开心。

你其他方面做得再好，这一点也会直接破坏你所有的努力。

朋友圈是我们日常生活中无法绕过的一部分，它是一个连接亲朋好友，分享生活点滴的平台，但也是一个隐藏商机、塑造个人品牌的宝地。

从现在开始重新理解朋友圈的价值和意义。通过文案思维，展现你的专业知识、独特见解，建立个人品牌，让你的朋友圈为你撬动更多资源，带来更多可能性。

第三节　写好爆款小红书文案，借种草平台实现快速变现

我身边的很多朋友调侃说："现在的生活已经离不开小红书了，吃什么问小红书，穿什么问小红书，用什么问小红书，去哪儿玩也问小红书，就连学习打卡都和小红一起进行了。"

小红书已经成为一个综合性平台，汇集了搜索、推荐、学习等多种功能。因此，在小红书上进行营销也更容易被大家接受。同时，对博主来说，变现也相对容易。我在只有1000个粉丝时，就开始接各种广告了。

小红书的变现速度之快令人惊叹，只要你能写出3～5篇爆款文章，就能在短时间内涨粉并接到广告合作邀约。

090　两套模板，轻松写出爆款小红书文案

※ 模板一：痛点＋干货＋植入产品

小红书的种草文案都可以套用这个模板来写，开头快速地点出痛点，紧接着写干货，给出方法，顺便在其中植入产品。

下面以我之前写过的一篇笔记《1分钟搞定会议纪要，快来抄作业！》为例来进行详细讲解。

开头引入痛点

在职场，你一定逃不过做会议纪要，会场里很多领导，你一句我一句，怎么快速梳理呢？领导一开口都是大白话，直接记录领导会批评你写得没深度，该怎么把大白话转成书面规范用语呢？

干货

1个框架快速梳理。

3个步骤快速加工。

1个神器大白话转书面语。

植入产品

姐妹们，一定不要傻傻地自己写了，要学会借助工具。我一般都是用天工AI助手直接帮我转化，再套用前面的方法，1分钟搞定！简直太高效了。

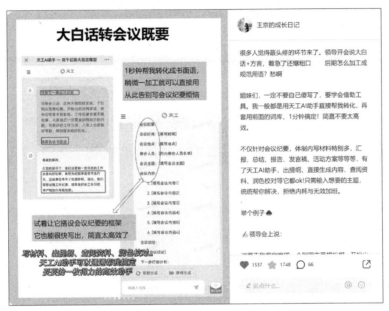

这样很快完成了一篇爆款笔记，即便是植入广告，也会因为提供了有价值的内容，且产品确实对大家有帮助，很快点赞及收藏数就达到3000多，评论区也有很多人问我如何使用产品、怎么购买等。

不要把小红书的文案想得过于复杂，只要抓住大众的痛点，并能够提供有价值的内容，就能够快速引爆文章的点击率。

※ 模板二：成就展示 + 提升方法 + 总结收尾

如果你只是一个干巴巴的推送广告的机器，那么用户一般是不会相信的，只有感觉到你是个人，才会相信你推送的产品。所以，不仅要写干货，也要注重打造自己的人设。那么，人设文应该怎么写呢？

可以套用模板二：成就展示+提升方法+总结收尾。

成就展示

成就展示即你现在有哪些成就，这些成就帮你收获了哪些东西，比如涨粉、提高收入、快速升职、拿到offer等。展示成就有两个目的：一是植入自己的人设，二是强化背书，让读者愿意看下去。

例如，我最近收到很多留言，问该怎么去面试？为什么面试总是失败？作为一个工作8年跳槽5次（人设+经历），拿过几十个offer顺利进入大公司的职场人（成绩），给你分享超好用的5个面试技巧。

短短的几句话，马上强化了用户对作者的认知，知道了作者的成绩，也植入了人设。

如果把这一部分去掉，我们再来对比一下："很多人不知道怎么面试，总是求职失败，下面分享超好用的5个面试技巧。"

通过前后对比，相信你一定能很快感知到成就展示的重要性。因此，写笔记时，学会巧妙地在前面植入人设和成就，效果立刻就会变得不一样。

提升方法

提升方法即你是通过哪些方法，一步一步成为现在的自己的。这一步就是分享你的成功经验，让用户看完以后有收获，让用户觉得只要用你提供的方法，自己也可以成功。

接着以上述案例的分析来讲解。

我最近收到很多留言，问该怎么去面试？为什么面试总是失败？作为一个工作8年跳槽5次，拿过几十个offer顺利进入大公司的职场人，给你分享超好用的5个面试技巧。

第一，戒掉学生思维，大胆展示优势。

第二，优化个人简历，大胆包装自己。

第三，筛选备胎公司练手，大胆推销自己。

这一步就是条理清晰地分享自己的方法，每读一条都会有很强的收获感，用户就会跟着作者的内容走下去。

总结收尾

总结收尾即对笔记进行总结，劝大家坚持提升自己，越变越好。增加读者关注、收藏、点赞的欲望。

例如，面试就是一场博弈，心态上不要怯，只要不放弃，就已经跑赢了很多人啦！胆子越大，offer越大，工作越好，姐妹们，加油！

小红书是一个重分享的平台，所以用词要更加亲和一些，让大家觉得像是对面有个朋友在和你聊天。

以上两套模板满足了"种草+人设"打造，可以快速帮你积累粉丝并变现。我在小红书上的分享基本都是套用这两个模板，很快粉丝就破万了。

当你熟练掌握以上两个模板后，可以结合前面学到的写作模板创作出更多有趣、有料的内容，不断地吸引更多的粉丝来关注你。只要你的内容足够好，能够让更多的人点赞、收藏、关注，很多广告主马上就会来找你了，让你快速实现小红书写作变现。

091 抓住5个关键点，让你的笔记有更多的曝光

爆款文不仅要有好的内容，也要借助平台的推送机制，抓住5个关键点，让文章有更多的曝光。

※ 展现方式

小红书上的内容呈现有两种方式：图文式笔记和视频类笔记。

每种方式都有其独特的优势。视频类笔记能够直观地展示产品或信息，吸引更多的流量和曝光；图文类笔记则更适合传递干货和知识。根据你的内容和目标受众，选择合适的呈现方式即可。

我看过很多小红书的博主会用两者结合的方式来多次呈现内容。先写好文案，用图文形式发送一遍，紧接着再把这条笔记录制成视频。一篇文章多用，很快能够测试出适合哪种形式，如果两个都火了，那么博主也算是把文案用到了极致。

前期你不知道该怎么呈现时，可以试一试这种形式。

※ 封面突出

打开小红书呈现的是双瀑布流的形式，首先展示的是图片。

当你的图文笔记被推荐到首页的时候,你的封面决定了用户会不会点开。因此一定要重视封面的设计,做到精美、干净大方、有趣等,吸引读者点开你的笔记。

在首页推荐中,除了封面图,便是你的标题了。如果你的图片不能够吸引观众,你可以用标题文案进行弥补。如何写吸引人的标题,前面第二章有非常详细的讲解,一定要好好学习,不管写什么类型的文案,都需要这些基本功。

由于在首页推荐中出现在粉丝面前的先是图片,然后才是标题,因此与标题相比,图片的比重更大,所以你还可以在图片上写上你的标题。

※ 结构清晰

一般来说,当人们面对大段的文字时,通常会感到有些压力,所以在撰写小红书笔记时,要确保结构清晰,避免使用过多的形容词和修饰词,让内容表达更加明确。

小红书的文案通常采用的是总分总结构,前面我们给的两个模板使用的也是总分总结构。

即首先陈述总体观点,然后逐一展开,以分论点的形式来阐述,最后进行总结。为了能够提升完读率和完播率,很多博主甚至省去最后的总结。

小红书最多只能容纳1000字,这也要求博主们写的文案不能过长。过长的文案可能不太容易吸引读者,因此以简洁明了的方式呈现引人入胜的内容即可。

※ 选题策划

选题策划是重中之重,如果你有一个好选题,即便内容稍微差一点,封面没那么精美,都有可能带动你的笔记火起来。

例如,"职场中如何写会议纪要"这个选题,我连续写了3篇,每一篇都是爆款。

你可以根据当下大家关注的信息,来策划自己的选题。一定要多在选题上下功夫。同时要多琢磨平台上火爆过的内容,去模仿他们的选题,爆款往往是重复的。

※ 评论互动

评论互动是小红书中非常关键的一环。评论的权重是高于点赞和收藏的，评论多的笔记往往比收藏、点赞多的笔记更容易被系统推荐。越被推荐你的阅读量就会越高，也更容易涨粉。因此，一定要积极回复评论的内容，在不断地互动中也可以增强与粉丝的黏性。

抓好以上5个关键点，就能够助力你更好、更快地写出爆款文。

小红书的文案创作并不难，只要你有一定的写作思维，能够清晰地表达自己的观点，学会有结构地写作，再套用上述模板，很快就能够实现变现。

第四节　写好爆款视频号文案，借助私域平台带来更多流量

视频号和微信绑定在一起，用户一般通过微信页面进入视频号。在页面会显示某个朋友点过赞，这个时候往往会激发你的好奇心，去点开看你朋友点赞的内容。当你看完后也进行了点赞，又会激活你的朋友圈。每个人的朋友圈人员构成是不同的，所以等于不断进行裂变，给你带来更多的精准流量。

当内容快速被很多人点赞后，平台会觉得这段内容能够带来更多人的互动，留住更多的用户，进而给予更多流量，从而被更多的人看到，所以视频号更容易借助私域做起来。

那么，我们就要思考，怎么才能激活你身边的人，让他们助推你的视频号。

092 套用公式，快速写出视频号爆款文案

视频号和微信绑定，能够带来流量，也会带来一部分限制。因为你对什么样的内容点赞，身边的朋友会第一时间看到，他们会通过你的点赞行为来评判你，因此大家点赞也会更加慎重。

所以，在创作内容的时候，需要更用心，同时决定了火爆的内容会变得更有特点。

视频号点赞高的内容，要么善于调动用户的感性情绪，要么给了用户很实用的干货，可以归纳为：解决问题、情绪共鸣。

按照这两个类别，我们可以有针对性地对文案进行设计，制作出爆款内容。

※ **解决问题，提供价值**

在生活中和工作中遇到的难点和痛点，会让我们困惑和焦虑。在写文

案的时候，要牢牢抓住这些点来切入。

公式：给场景+给方法+做示范+促行动。

（1）给场景：在视频开头给用户一个场景，让用户脑海中立刻会想到自己曾经遇到的问题，或者未来可能会遇到的问题，快速留住了用户。

例如，刚关上门发现自己忘记带钥匙了怎么办？站在台上汇报工作总是紧张怎么办？面试时画什么妆更显沉稳呢？面试官问我有什么缺点怎么回答更合适？亲戚总是问我工资多少怎么回答呢？

注意，这里的场景要足够聚焦，不要太过于宽泛。

例如，"怎么打扮好看？"这个问题就比较宽泛；"如何化妆让面试官眼前一亮？"就变成了聚焦的具体场景了。

再比如，"如何做饭才好吃？"这个问题也比较宽泛；"如何在5分钟做出营养又健康的懒人早餐？"马上话题就聚焦了。

越聚焦的话题，才越有场景感，越能够让大脑产生画面感，也会越吸引人们看下去。

（2）给方法：抛出具体的场景问题后，紧接着给出方法，也就是遇到类似的情况究竟该怎么解决，这样就一步步地抓住了用户的注意力。

这个时候要结构分明，分步骤进行展示。例如，三步"抄"出好标题。第一步：提取关键词；第二步：结合实际，插入具体内容；第三步：加数字前缀，让标题更吸引人。

再比如，如何化妆让面试官眼前一亮呢？送你3个小技巧。第一，×××；第二，×××；第三，×××。

对方法进行高度概括，让看视频的人能够快速明白你要讲的重点。

（3）做示范：给出方法论后，不能干巴巴地说教，要给用户做示范。

例如，教穿搭，你要在视频中展示出穿搭的效果；教化妆，你要在视频中展示出你化妆的过程；教写作，你要给出写作的过程。

这一步是用示范替代说教，视频中会让大家更清晰地看到你的整个操作过程，更加直观地植入大家心中。

下面对以"三步'抄'出好标题"为例进行分析。

原标题：《揭秘爆款文的底层逻辑》。

第一步：提取关键词。

示范如下。

关键词1：揭秘；

关键词2：爆款文；

关键词3：底层逻辑。

第二步：结合实际，插入具体内容。

示范如下：《揭秘爆款小红书的底层逻辑》《揭秘爆款视频号的底层逻辑》《揭秘爆款抖音号的底层逻辑》。

第三步：前缀加数字，让标题更吸引人。

如果想写得更扎实，可以在前面加数字前缀，这样，从标题中就可以看到核心举措和重要成果。

示范如下：《三个维度揭秘爆款小红书的底层逻辑》《四个视角揭秘爆款视频号的底层逻辑》《五节课程揭秘爆款抖音号的底层逻辑》。

通过具体的演示，读者马上就能够明白如何写标题，做示范比干巴巴地讲方法更吸引人，用户也更容易掌握。

（4）促行动：最后，通过呼吁观众采取行动，例如点赞、关注、评论或分享视频，以便他们能够进一步参与和互动。

你可以说："如果你觉得这些化妆技巧对你有帮助，记得分享给你身边的好朋友，一起变得更美。""如果你觉得写作技巧对你有帮助，记得点赞和关注，跟着我一起写爆款文。"

通过这个公式来制作视频号的内容，环环相扣，每一步都在抓住用户的注意力，很容易引发用户的点赞，形成快速传播的效果。

※ 触发情绪，引发共鸣

每个人都需要一个情绪的出口，如果你替别人说了他们想说的话，一定会让他忍不住点赞。这里需要我们抓住情绪的共鸣。

公式：金句+描述现象+表达情感。

（1）金句：视频开头的黄金3秒是最重要的，在开头可直接抛出金句，能够快速抓住读者注意力。

例如，全职妈妈不容易，成年人的崩溃就在一瞬间。

先用一句吸引人的话，抓住读者注意力。

（2）描述现象：紧接着在视频开头，通过描述实际存在的现象，来唤起大家的共鸣。

例如，有多少姐妹和我一样，打扫卫生做家务的时候没人看见，给孩子擦屎擦尿的时候没人看见，忙成狗恨不得长三头六臂时没人看见……好不容易忙完，当你刚坐下来想休息会时被人看见了，所有人都指着你鼻子说，你怎么这么悠闲……

这个视频曾在我的朋友圈爆火，因为引起了所有女性的共鸣，不仅击中了全职妈妈的痛，也击中了所有女性的痛，想到了自己忙忙碌碌不为人所知和不被人理解的一面。

（3）表达情感：接下来表达你的情感或感受，让观众感受到你的情绪。你可以用文字、语言、音乐、图像等方式来传达情感，让用户和你产生共鸣。

例如，一个干净整洁的家，有很多看不见的隐形家务，他们看不见背后有一个任劳任怨默默付出的人，只有自己知道24小时待命，一刻不得闲。

这个公式可以帮助你快速创作抒发情绪性的视频号文案，引起大家的情感共鸣，让用户忍不住点赞。

在创作时，你可以针对自己输出的领域，结合这两套公式来写文案。如果植入产品，可以在其中合适的地方穿插产品。

093　两个方法，助力你获得更多精准私域流量

※ 内容垂直

不要把自己的视频号当作朋友圈，在朋友圈你可以展示你的生活百态，但是想要让更多的人关注你，那么就要保证内容垂直，聚焦一个领域，让大家觉得关注你能学到很多体系化的方法。当一个人和你不熟悉的时候，就是因为从你这里能得到价值，才愿意关注你。

当关注你以后，可以在视频号的简介中，写上你的微信号和公众号，

进一步引导大家进入你的微信好友中。

※ 结尾引流

视频号能够快速地把流量引到自己的私域，所以可以在视频的结尾进行引流。

例如，如果你想系统地学习写作，在评论区回复我/私信我"写作"两个字，领取资料包，我发给你；如果你想掌握全套美妆技巧，在评论区打出"美妆"两个字，我整理了一套资料包免费送给你。

这一步就直接将他们引到了自己的微信之后你就可以更直接、更高频地触达他们。

如果你想要成功建立自己的私域，一定不能忽视视频号。视频号是打通内外的关键枢纽，让你不断对外引流更多的精准粉，转化成自己的私域，建立更牢固的粉丝关系。

第五节　写好爆款抖音号文案，让你的产品更快被传播

抖音已经成为手机中的必备应用，呈现方式是短视频，一般1～2分钟就能看完一个视频。大部分人在闲暇时间都会打开抖音刷上一会儿。为什么抖音会让这么多人喜欢呢？

好看的短视频背后离不开好文案，随便点开一个爆款视频，文案中总会有一两句朗朗上口的句子，或者戳中你情绪的金句。

你可以思考一下，你通常在刷到什么样的内容才会停留，愿意点赞呢？

如果你在抖音号刷到的是公众号的爆款长文，你会停下来一字一句地听完吗？大多数情况下是不会的。

虽然写作底层逻辑相同，但是你看公众号和看抖音的心境与目的不同，两种不同的呈现方式也会让你有不同的感受，所以要根据不同平台的特征，有针对性地设计和策划文案。

094　抓住3个关键点，掌握爆款视频核心密码

※ 开局决定输赢

短视频能否成为爆款，在开头就已经决定了。如果前面没有吸引到观众，这条短视频就会很快被用户滑走，往往不会被推荐到更大的流量池中，流量只会越来越少。

所以在开头的设计上一定要下足功夫。抖音和视频号推流还是有一点不同的，视频号可以借助朋友圈的力量来助推，但是抖音无法借助私域来撬动，要靠内容足够吸引人。

所以，要把最有吸引力的部分放在开头，让更多的人愿意停留下来观看，才有机会获得更多的点赞和推流。

※ 节奏紧促

现在的生活节奏越来越快，大家也越来越没有耐心了，短视频内容如果过于拖拉，用户就会失去耐心，所以内容尽可能简短有力，节奏要快。

同时，快节奏也会带动视频不断切换画面，不断刺激用户的视觉，不会造成疲惫感。

※ 制造爆点

每个爆款短视频都具备2~3个爆点，把你的情绪值拉到最高，把整篇短视频文案的核心观点加以升华，让用户产生更高、更深的认同感，并引发点赞、评论等互动行为。

明白了爆款短视频的核心关键点，写文案时就可以牢牢抓住这些关键要素进行创作。

095　3个维度，快速打造爆款视频

※ 6种方式，打造有爆点的视频开头

短视频开头的文案可以采用以下6种方式来写，能够快速抓住用户的吸

引力。让你一开口就赢了。

（1）给价值。在视频的一开始就直接抛出你会给用户很大的价值。例如，我花了一万块就为了弄来这套复盘模板，今天分享给大家，刷到这条视频的人真是赚大了。

（2）借热点。以当下大家讨论的热点话题作为开头，能很快抓住观者的注意力。例如，最近的××事件，你看了吗？真的是惊掉我的双下巴。

（3）构场景。描述一个生活中的场景，快速抓住用户的注意力。例如，如何化妆才能更有气质？亲戚总是问我工资多少怎么回答呢？（这一点在视频号内容写过，抖音号同样适用。）

（4）抓痛点。抓住用户在生活和工作中的痛点，以此作为切入口。例如，职场10年勤勤恳恳，看着身边人的升职加薪，自己却还在原地踏步，你可能犯了这3种致命错误。

（5）找差异。同质化的内容太多，大家都希望能够听到更新颖的内容，可以抓住差异化来吸引用户。例如，快被拖延症折磨疯了，试了很多方法，但是发现根本没用，今天我来给你讲点不一样的。

（6）能速成。人人都渴望快速学会一种技能，人人都想走捷径，抓住这个特点来开头。例如，让我看看谁还在为写工作总结而发愁，这期视频我教你10分钟写一个被领导夸爆的工作总结。

※ 6个方面，制造有爆点的视频内容

（1）有数据。如果在某个方面有特别好的成绩，在视频文案中合理地插入震撼的数据，能够快速击中用户的痛点。比如，不到1小时卖出10万份；在某某领域取得第一名的好成绩；原来3个小时才能搞定的工作，现在10分钟就能完成等。

（2）有对比。使用对比能够造成很强烈的冲击，也能很直观地展示效果。这种方式很适合在植入产品时使用。不仅能够很好地种草，而且能带来爆点。例如，在视频中呈现减肥前后的对比图；不同风格穿搭的前后对比等。（千万不要觉得这种广告大家看多了会腻，人们永远有对美好生活的向往，很多产品卖爆就是用了这个方法。）

（3）有冲突。在视频中设置有冲突的故事情节。例如，现在我就给大家演示一下，我是怎么一步步亲手把自己的孩子毁掉的……以此来警醒用户在带孩子时不能犯的致命错误。

（4）有方法。给干货，把实践过的具体方法展示给用户。注意，在展示方法的时候要巧妙地引导用户看到最后。例如，很多人都用我这3个销售技巧，很快实现了销售额翻番，尤其是第三个，是我最不愿公开的（引导看到最后）。

（5）有情绪。在文案中加入能够激发情绪共鸣的句子，在适当的时候把用户的情绪拉高。例如，凭什么方方面面都不如我的同事，却总是被领导重用；再比如，生活中你是不是和我一样对孩子情绪施暴呢？不知不觉拉远了和孩子的距离而不自知。

（6）有金句。结合选题写2～3句金句，穿插在文案中，并不是讲方法或者售卖产品就不能讲金句，如果你能在其中插入金句会让用户有更好的体验。例如，比尔·盖茨说过："巧妙地花一笔钱和挣到这笔钱一样困难。"一个人花钱的能力，藏着他的智慧。你今天为自己大脑投资的这份钱就是在聪明地消费；再比如，别再对孩子大吼大叫了，父母是原件，孩子是父母的复印件，永远别低估了言传身教的力量。

※ 4种形式，做好爆款视频结尾

（1）制造紧迫感。在结尾给出一种紧迫感，这种形式一般用来引导用户下单。例如，限时3天；最后50件，6折促销，下手慢的别哭着找我补货；1折大促，仅限今天周年庆。

（2）强调痛点。视频前面的文案已经做了很多铺设，在最后直接重复痛点，更能切中用户"要害"。例如，如果你还在为教育孩子发愁，不妨看看这本书，不管是引导孩子写作业，还是疏导孩子心理问题，相信你都能从中找到答案，点击下面的链接即可购买。

（3）梳理要点。在结尾时总结视频中讲的重点内容，让用户觉得学到很多。例如，如何写爆款标题，你学会了吗？分别是××、××、××，想要掌握更多的写作技巧，评论区发送"写作"，我送你资料包。

（4）开门见山。在结尾处，可以不绕弯子直接引导用户点赞和关注。例如，如果你觉得视频中的内容对你有用，记得点赞并关注，持续收听更多干货。

096　学会组合，轻松创作爆款视频

掌握了打造爆款短视频的3个关键点，明白了如何从3个维度创作短视频；在写文案的时候，要学会自由地进行组合，灵活应用。

例如，要写营销文案，可以用"借热点（开头）+有对比/有数据（内容）+制造紧迫感（结尾）"，也可以用"构场景（开头）+有方法/有情绪/有金句（内容）+强调痛点（结尾）"。

在写文案的时候，可以根据不同的需求和形式，对开头、内容、结尾进行自由组合，也可以自己实践后自由组合一套最适合你的公式。以后只需要不断重复爆款模板即可，快速创作出更有爆点的视频文案。

无论是哪一个平台，无论是哪一种呈现形式，优质内容都是基础。如果运用了很多技巧，增加了曝光量，但是你的内容不够好，那么用户也不会和你产生进一步的联系。因此，要重视文案的力量，创作出更多优质的内容。

希望你在文字的世界里，获得更多能量和财富。